Kohlhammer
Standards Psychologie

Basisbücher und Studientexte

Herausgegeben von
Theo W. Herrmann
Werner H. Tack
Franz E. Weinert

Teilgebiet: Mathematische Psychologie

Werner H. Tack

Stochastische Lernmodelle

Verlag W. Kohlhammer
Stuttgart Berlin Köln Mainz

CIP-Kurztitelaufnahme der Deutschen Bibliothek

Tack, Werner H.
Stochastische Lernmodelle
1. Aufl.
Stuttgart, Berlin, Köln, Mainz: Kohlhammer, 1976
(Kohlhammer Standards Psychologie
Studientext Teilgebiet: Mathematische Psychologie)
ISBN 3-17-001362-9

Stuttgart Berlin Köln Mainz
Verlagsort: Stuttgart
Umschlag: hace
Gesamtherstellung: W. Kohlhammer GmbH
Grafischer Großbetrieb Stuttgart
Printed in Germany

Inhalt

Vorwort 7

1. Einführung 9
1.1 Anwendungsbereiche für formale Lernmodelle 9
1.2 Ziele und Aufbau des Buches 11
1.3 Voraussetzungen und Arbeitshinweise 12
1.4 Einige Formalismen 13

2. Zustände und Ereignisse 15
2.1 Beispiele für Lernprozesse 15
2.2 Stochastische Modelle 16
2.3 Zustände 17
2.4 Ereignisse 19
2.5 Fragen 23
2.6 Weiterführende Literatur 23

3. Lernprozesse 23
3.1 Zustands-Ereignis-Folgen 23
3.2 Übergänge 26
3.3 Fragen 28
3.4 Weiterführende Literatur 29

4. Modelle für einfaches Paarlernen 29
4.1 Einfaches Paarlernen 29
4.2 Modelle mit zwei und drei Zuständen 30
4.3 Lineares Modell mit einem Operator 33
4.4 Kombinationen des Alles-oder-Nichts- und des linearen Ansatzes 35
4.5 Fragen 36
4.6 Weiterführende Literatur 37

5. Ableitung der mittleren Lernkurve 37
5.1 Zustandswahrscheinlichkeiten bei endlichem Zustandsraum 38
5.2 Mittlere Lernkurve bei endlichem Zustandsraum 41
5.3 Mittlere Lernkurve bei unendlichem Zustandsraum 42
5.4 Vergleich der mittleren Lernkurven 44
5.5 Fragen 46
5.6 Weiterführende Literatur 46

6. Einige weitere Ableitungen 46
6.1 Kumulierte Fehlerkurve 46
6.2 Gesamtzahl der Fehler 50
6.3 Position des letzten Fehlers 52
6.4 Folge-Statistiken 53
6.5 Fragen 54
6.6 Weiterführende Literatur 54

7. Parameter und ihre Schätzung . . . 54
7.1 Modellvariablen . . . 55
7.2 Modell und Struktur . . . 56
7.3 Wahrscheinlichkeiten von Beobachtungsfolgen . . . 57
7.4 Schätzungen und ihre Eigenschaften . . . 60
7.5 Maximum-Likelihood-Schätzungen . . . 62
7.6 Einige weitere Schätzverfahren . . . 64
7.7 Fragen . . . 66
7.8 Weiterführende Literatur . . . 67

8. Lineare Operatoren in BM-Modellen . . . 67
8.1 Lineare Operatoren . . . 67
8.2 Kombinierbarkeit der Reaktionsklassen . . . 71
8.3 Operatoren für Ereignisfolgen . . . 72
8.4 Ereignis-Kontrolle . . . 75
8.5 Fragen . . . 77
8.6 Weiterführende Literatur . . . 77

9. Reiz-Stichproben-Modelle . . . 78
9.1 Prinzipien der Reiz-Stichproben-Theorie . . . 78
9.2 Ein einfaches Beispielmodell . . . 81
9.3 Weitere Modellvarianten . . . 84
9.4 Fragen . . . 88
9.5 Weiterführende Literatur . . . 88

10. Operatorenfamilien und Markoff-Prozesse . . . 89
10.1 Das Konzept der Operatorenfamilie . . . 89
10.2 Quasi-additive Systeme . . . 90
10.3 Markoff-Prozesse . . . 92
10.4 Fragen . . . 96
10.5 Weiterführende Literatur . . . 96

Lösungshilfen zur Beantwortung der Fragen . . . 98

Literaturverzeichnis . . . 103

Personenregister . . . 107

Sachregister . . . 109

Vorwort

Seit den ersten Arbeiten von Estes (1950) und von Bush und Mosteller (1951 a) ist eine Fülle von Arbeiten erschienen, die sich mit der Entwicklung und Überprüfung stochastischer Lernmodelle beschäftigen. Dabei wurde die Brauchbarkeit der meisten Ansätze lediglich an sehr einfachen Lernversuchen in extrem künstlichen Laboratoriumssituationen untersucht. Dies mag einer der Gründe dafür sein, daß die gesamte Entwicklung von der Mehrheit der Fachkollegen entweder überhaupt nicht zur Kenntnis genommen oder als eine Art Spielerei für Außenseiter der Psychologie betrachtet wurde. Mir scheint, daß zur Zeit gute Voraussetzungen gegeben sind, diese Situation zu ändern. Die Entwicklung spezifischer Modelle ist seltener geworden; die Zeit, in der nahezu jedes Heft des ›Journal of Mathematical Psychology‹ mindestens ein neues stochastisches Lernmodell vorstellte, ist vorbei. Es ist möglich geworden, Grundprinzipien derartiger Modelle und Techniken für den Umgang mit ihnen klarer herauszuarbeiten und zu vermitteln als in einer Zeit mit laufend neuen Ansätzen. An die Stelle einer vormals oft etwas hektischen Modellentwicklung tritt nun der Versuch, stochastische Lernmodelle einerseits bei der Analyse von Daten aus anderen Forschungsgebieten schlicht als Hilfsmittel zur Beschreibung und Kontrolle serieller Effekte zu benutzen, und andererseits als Bausteine in wesentlich umfassendere Theorie- und Modellansätze einzubinden.
Eine derartige Entwicklung, wie sie sich mir anzudeuten scheint, setzt eine breitere Informiertheit über stochastische Lernmodelle ebenso voraus wie eine größere Vertrautheit mit den Methoden und Techniken, die man im Umgang mit solchen Modellen benötigt. Kenntnisse und Fertigkeiten dieser Art möchte dieses Buch vermitteln helfen.
Ohne reichliche Unterstützung und Hilfe wäre es mir nicht möglich gewesen, dieses Buch fertigzustellen. Mein Dank gilt zunächst dem ›Netherlands Institute for Advanced Study in the Humanities and Social Sciences (N.I.A.S.)‹ in Wassenaar, dem ich die vorzüglichen Arbeitsmöglichkeiten eines ›Fellow in Residence‹ verdanke, die mir die Abfassung des Manuskripts ermöglicht haben. Zu besonderem Dank bin ich auch Herrn Dr. Wolfgang Deppe und Herrn Hans Jörg Hinz verpflichtet, die mich bei der vorbereitenden Literatursichtung und -analyse ebenso unterstützt haben wie bei der Klärung einzelner Teilfragen und bei der Kontrolle und Korrektur des Manuskriptes. Die nicht zuletzt wegen der Fülle formaler Ausdrücke mühevollen Schreibarbeiten haben in der Vorbereitungsphase Frau Carola Gross in Saarbrücken und bei der Manuskriptabfassung Fräulein Ellen Hoff in Wassenaar auf sich genommen. Auch ihnen gilt mein besonderer Dank. Schließlich und endlich gilt mein Dank – neben vielen anderen – dem Verlag, der dieses Buch hergestellt hat.

Wassenaar, im Februar 1976

Werner H. Tack

1. Einführung

Inhalt:

Zunächst wird am Beispiel einiger Fragestellungen aufgezeigt, welche praktische Bedeutung stochastische Lernmodelle als Hilfsmittel bei der Bearbeitung psychologischer und verwandter Probleme haben können. Es folgt eine Darstellung des Aufbaus und der Zielsetzungen des vorliegenden Buches. Das Kapitel schließt mit Hinweisen auf Kenntnisse, die zum Verständnis der folgenden Kapitel vorausgesetzt werden, und mit Empfehlungen für die Arbeitsweise beim Lesen.

1.1 Anwendungsbereiche für formale Lernmodelle

Ein Psychologe möchte zwei verschiedene psychotherapeutische Techniken bezüglich ihrer Brauchbarkeit bei einer bestimmten Klasse von Störungen miteinander vergleichen. Nehmen wir als Beispiel das Bettnässen. Indikator für den Ausprägungsgrad des Symptoms sei die Häufigkeit, mit der innerhalb eines Monats Bettnässen auftritt. Das Ergebnis der Untersuchung sei, daß nach dreimonatiger Behandlung mit Technik A eine geringere Häufigkeit zu registrieren ist als bei gleich langer Behandlung mit Therapietechnik B. Ist damit die Überlegenheit der Therapiemethode A nachgewiesen? Das beispielhaft angenommene Resultat läßt verschiedene Möglichkeiten offen. Der optimale Fall wäre gegeben, wenn Technik A eine schnellere und gründlichere Besserung als B ermöglicht. Dies würde bedeuten, daß bei längerer Behandlung mit Technik A Bettnässen mit hoher Wahrscheinlichkeit völlig verschwindet, während B eine bestimmte Resthäufigkeit des Symptoms auch bei sehr langer Behandlung kaum zu unterschreiten gestattet. Möglich ist aber auch, daß Methode A lediglich in den ersten drei Monaten raschere Erfolge bringt als B, während gerade B jene Methode ist, die zwar einen größeren Zeitaufwand erfordert, zugleich aber ein besseres Endergebnis gestattet. In diesem Fall würde sich das Resultat verändern, wenn man einen längeren Therapie- und Beobachtungszeitraum ansetzt. Welches ist nun die geeignete Zeitdauer, bei der eine solche Umkehrung der Ergebnisse zu erwarten ist? Sicher wäre dem Psychologen mit einer derartigen Fragestellung geholfen, wenn er bestimmte Annahmen über Zusammenhänge zwischen dem zeitlichen Verlauf einer Symptomhäufigkeit unter verschiedenen Therapiebedingungen besäße, deren Brauchbarkeit anhand einer Serie von Beobachtungsdaten überprüft werden kann, und die zugleich Extrapolationen über längere Zeiträume gestatten. Dies können formale Lernmodelle leisten, wenn Brauchbarkeit und Geltungsbereiche bestimmter Annahmen über den Verlauf therapeutischer Prozesse genauer erforscht werden.

Ein zweites Beispiel. Im Rahmen denkpsychologischer Forschung wird eine Untersuchung über Einstellungsbildung durchgeführt. Es sind zwei Klassen von Problemen definiert. Zu prüfen ist die Vermutung, daß die Bearbeitung mehrerer Probleme der einen Art hintereinander (X-Probleme) eine Einstellung evoziert, die die Anwendung einer bestimmten Problemlösetechnik nahelegt. Y-Probleme seien von der Art, daß eben diese Lösungstechnik bei ihnen nicht zum Ziele führt. Es wird erwartet, daß die Bearbeitung einer längeren Folge von X-Problemen die Lösungswahrscheinlichkeit für ein nachfolgendes Y-Problem verringert. Im Experiment werden beispielsweise acht X-Probleme hintereinander gelöst; dann folgt ein Y-Problem, für das die relative Häufigkeit richtiger Lösungen registriert wird. Womit ist diese relative Häufigkeit zu vergleichen? Der Vergleich mit der Lösungswahrscheinlichkeit eines Y-Problems ohne irgendeine vorangegangene andere Problembearbeitung ist unbefriedigend, da ein genereller Lerneffekt beim Problemlösen unabhängig von der Problemart nicht auszuschließen ist. Den könnte man möglicherweise über eine Kontrollgruppe erfassen, die Y-Probleme löst, denen eine Folge von acht X- und/oder Y-Problemen mit allen möglichen Häufigkeiten und Anordnungen der beiden Problemtypen vorausgegangen sind. Nun gibt es aber 256 solcher Folgen; der experimentelle Aufwand wird sehr groß. Einfacher wäre es, wenn man Annahmen über die Veränderung der Lösungswahrscheinlichkeiten für beide Problemtypen in Abhängigkeit von der jeweils auf einer Stufe einer Folge realisierten Problemart hätte, die sich mit geringerem Aufwand überprüfen lassen und Schätzungen der mittleren Lösungswahrscheinlichkeit eines Y-Problems an Position 9 einer Folge gestatten, wobei über alle möglichen vorausgegangenen Folgen der Länge 8 gemittelt wird. Dies kann ein formales Lernmodell ermöglichen.

Im dritten Beispiel sei ein adaptives Lernprogramm zu optimieren. Gegeben ist eine Menge von Fakten, von denen der Schüler am Ende des Programms mindestens einen bestimmten Prozentsatz kennen soll. Die Fakten werden in einzelnen Lernschritten vorgegeben, ihre Kenntnis wird durch Fragen kontrolliert. Wiederholungen sind so zu planen, daß das gesetzte Lernziel mit möglichst geringem Zeitaufwand erreicht wird. Eine Steuerung der Darbietung einzelner Lernschritte in Abhängigkeit von den jeweils vorliegenden Antworten eines Schülers ist vorgesehen. Es liegt nun nahe, die Wiederholung eines bestimmten Faktums davon abhängig zu machen, wie oft und in welcher Reihenfolge vorhergegangene Fragen nach eben diesem Faktum bereits richtig beantwortet wurden. Damit man den gesamten Zeitaufwand für einen solchen Lernprozeß optimieren kann, muß man auf der Basis einer bekannten Folge richtiger und falscher Antworten zu einer Frage abschätzen können, mit welcher Wahrscheinlichkeit diese Frage auch in Zukunft richtig beantwortet wird, und welchen Einfluß eine erneute Darbietung des erfragten Faktums auf diese Wahrscheinlichkeit hat. Ein geeignetes stochastisches Lernmodell macht solche Schätzungen möglich.

Das vierte Beispiel unterstellt, es solle in europäischen Landen wieder einmal für einen bestimmten Zweck ein neues Verkehrszeichen eingeführt werden. Dafür sind verschiedene alternative Formen entwickelt. Bei der endgültigen Auswahl ist unter anderem von Bedeutung, wie oft das neue Zeichen voraussichtlich mit anderen bereits jetzt üblichen Verkehrszeichen verwechselt wird. Es interessiert nicht nur die mittlere Verwechslungswahrscheinlichkeit, sondern vielmehr, bezüglich welcher anderen Zeichen Verwechslungen besonders wahrscheinlich oder unwahrscheinlich sind, da unterschiedliche Verwechslungen für ein Fehlverhalten eines Autofahrers und daraus resultierende Unfallgefahren unterschiedlich bedeutsam sind. In einem Experiment werden unter angemessenen Störbedingungen verschiedene Verkehrszeichen (bereits eingeführte und die möglichen Varianten des neuen Zeichens) zur Identifikation durch Versuchspersonen dargeboten. Aufgrund von Reizgeneralisierung und Diskriminierungslernen ist zu erwarten, daß sich die Häufigkeiten von Verwechslungen, an denen die eine oder andere Form des neuen Zeichens beteiligt ist, bei wiederholter Darbietung ändern. Sie ergeben mithin erst nach einem hinreichend langen Prozeß Werte, die mit den entsprechenden Wahrscheinlichkeiten für Verwechslungen zwischen bereits lange bekannten und eingeführten Zeichen vergleichbar sind. Der Untersucher hat also unter anderem die Aufgabe, aus dem Verlauf identifizierender Reaktionen Schätzungen für endgültige Verwechslungswahrscheinlichkeiten abzuleiten, gegen die der beobachtbare Lernprozeß konvergiert. Auch hierzu wäre ein stochastisches Lernmodell hilfreich.

Beim Unterricht in der Schule (etwa in naturwissenschaftlichen Fächern) scheint oft die Annahme sinnvoll, daß die Erledigung bestimmter Aufgaben jeweils den Einsatz bestimmter Kombinationen von Denkoperationen erfordert, die es zu trainieren gilt. Es soll eine Theorie entwickelt werden, die die Identifikation derartiger Operationen aufgrund von Leistungsdaten gestattet. Dabei wird unterstellt, daß durch Vorgabe verschiedener Aufgaben stets nur Kombinationen abrufbar sind, nicht aber isolierte einzelne Operationen. Man ist also bei der empirischen Kontrolle und der praktischen Anwendung der Theorie auf die Analyse jeweils mehrerer Aufgaben angewiesen, denen unterschiedliche Kombinationen aus dem gleichen Vorrat von Operationen zuzuordnen sind. Praktisch bedeutet das, daß einem Schüler jeweils eine Folge unterschiedlicher Aufgaben vorgelegt wird, da eine ›gleichzeitige‹ Bearbeitung eines Aufgabensatzes nicht möglich ist. Dabei werden aber die verschiedenen Operationen aufgrund ihrer Repräsentation in verschiedenen Aufgaben unterschiedlich intensiv gelernt. Die erwünschte Theorie wird also als einen ›Baustein‹ Annahmen über Lern- und Übungsprozesse enthalten, also ein Lernmodell.
Diese Beispiele mögen genügen, um die Vielfalt des Einsatzes formaler Lernmodelle zumindest anzudeuten. In der Vergangenheit wurden überwiegend Modelle entwickelt, an meistens sehr realitätsfernen Laborsituationen miteinander verglichen und auf ihre Brauchbarkeit geprüft. Greeno und Bjork (1973) bezeichnen dieses Vorgehen, das elementare Prozesse isoliert untersucht, als eine ›mental chemistry‹. Dem stellen sie eine neue ›mental forestry‹ gegenüber, die sich der Modelle als Komponenten beim Aufbau von Theorien und Hypothesen für komplexere Fragestellungen bedient. In Ansätzen ist eine solche ›mental forestry‹ in den letzten Jahren bereits zu finden. Ebert und Tack (1974) verwenden ein extrem simples Modell über die Veränderung des Zeitbedarfs bei der Lösung von Aufgaben zum Zahlenreihen-Fortsetzen im Rahmen der Analyse von Effekten bestimmter Abfolgen unterschiedlicher Typen derartiger Aufgaben. Im Rahmen der ›Stanford-Reading-Studies‹ (siehe Smallwood 1971, Atkinson und Paulson 1972, oder auch die früheren Arbeiten Crothers 1965 und Karush und Dear 1966) werden Modelle zur Optimierung von Lernprozessen eingesetzt. Die Verwendung stochastischer Lernmodelle bei der Konstruktion komplexerer denkpsychologischer Theorien und deren Bezug zur Anwendung in der Unterrichtsforschung wird bei Spada (1976) ausführlich dargestellt. Wer eine genauere und umfassendere Information über Ziele und Zwecke wünscht, denen formale Modelle dienen können, sei auf Deppe (1976) verwiesen. Sollen stochastische Lernmodelle nicht nur – wie bisher überwiegend – aus einer ›mental chemistry‹-Haltung heraus analysiert, sondern vielmehr im Stil der neuen ›mental forestry‹ benutzt und eingesetzt werden, dann darf ihre Kenntnis nicht länger auf einige wenige Spezialisten beschränkt bleiben. Ziel dieses Buches ist eine weitere Verbreitung von Kenntnissen und Fertigkeiten im Umgang mit derartigen Modellansätzen. Erst wenn im größeren Umfange auch Kollegen, die sich selbst als klinische Psychologen, Verkehrspsychologen, Sozialpsychologen usw. verstehen, zumindest mit einigen Prinzipien stochastischer Lernmodelle vertraut sind, wird es ihnen möglich sein, neue Anwendungsmöglichkeiten zu finden und erfolgreich zu nutzen.

1.2 Ziele und Aufbau des Buches

Wer sich über möglichst viele stochastische Lernmodelle, deren Grundannahmen, darauf basierenden Ableitungen und empirische Modellkontrollen und -vergleiche durch Laborexperimente informieren möchte, wird von diesem Buch vermutlich enttäuscht. Eine ausgezeichnete Einführung dieser Art bieten Atkinson, Bower und Crothers (1965) in

ihrer ›Introduction to Mathematical Learning Theory‹, die nicht nur wegen der Namen der Autoren informell häufig als ›ABC-Buch‹ bezeichnet wird. Ziel dieses Buches ist es vielmehr, allgemeine Prinzipien stochastischer Lernmodelle aufzuzeigen, den Leser in die Technik von Ableitungen aus Modellannahmen einzuführen, und ihm zu zeigen, wie sich solche Annahmen aufstellen und modifizieren lassen. Niemand sollte erwarten, daß er nach der Lektüre bereits in der Lage ist, für eigene Problemstellungen angemessene Modelle aufzustellen, zu analysieren und einzusetzen. Es sollte aber nach sorgfältiger Durcharbeitung möglich sein, weiterführende Literatur besser zu verstehen, um nach deren Lektüre und Verarbeitung das genannte Ziel zu erreichen.
Man kann die folgenden Kapitel dieses Buches grob in drei Teile aufteilen. In den Kapiteln 2 und 3 wird versucht, die allgemeine Struktur stochastischer Lernmodelle darzustellen. Dabei geht es vornehmlich um die Definition von Begriffen und die Einführung in Annahmen, die den allgemeinen Rahmen für alle späteren Ausführungen liefern. Ziel der Kapitel 4 bis einschließlich 7 ist die Einführung in Techniken, die man beim Umgang mit stochastischen Lernmodellen benötigt. Da solche Techniken nur an Beispielen vorgestellt werden können, sind in Kapitel 4 die Grundannahmen einiger Modelle für einen extrem einfachen Typ von Lernprozessen erläutert. Die Kapitel 5 und 6 enthalten dann unter Benutzung dieser Beispiele ausgewählte Ableitungstechniken, während Kapitel 7 den Methoden der Parameterschätzung gewidmet ist. Dieser ganze Teil (Kapitel 4 bis 7) ist also mehr handwerklicher Natur, wobei er sich auf solche Methoden beschränkt, mit denen vorhandene Annahmen zur Elaboration abgeleiteter Aussagen verarbeitet werden.
In den Kapiteln 8 bis 10 schließlich geht es um die Konstruktion von Lernmodellen. Am Beispiel der sogenannten ›linearen Operatoren‹ wird gezeigt, wie man unter Berücksichtigung äußerer Bedingungen eines Lernprozesses (Ereigniskontrolle) bei Benutzung der gleichen Form einer Änderung von Reaktionswahrscheinlichkeiten unterschiedliche und jeweils angemessene Modellvarianten konstruieren kann. Kapitel 9 geht einen Schritt weiter und zeigt, wie eine bestimmte Grundvorstellung, ein bestimmter ›Stil‹ des Modelldenkens, unter Berücksichtigung inhaltlicher Aspekte von Lernprozessen zu verschiedenen Formen von Ausgangsannahmen führt. Im abschließenden letzten Kapitel werden Ansätze zur Analyse bestimmter Klassen von Modellen angedeutet.

1.3 Voraussetzungen und Arbeitshinweise

Man kann formale Modelle nicht vorstellen, ohne sich der entsprechenden formalen Ausdrucksweise zu bedienen. Dieses Buch enthält also – schlicht gesagt – eine Menge Formeln. Dabei wurde versucht, soweit möglich auf ungewöhnlichere formale Möglichkeiten zu verzichten. So wird beispielsweise keine Matrix-Algebra benutzt, obwohl dies an einigen Stellen die Darstellung vereinfacht hätte. Ein Verzicht auf den Kalkül der Wahrscheinlichkeitstheorie war allerdings nicht möglich. Der Leser sollte Wahrscheinlichkeitstheorie und Statistik vor der Lektüre der folgenden Kapitel wenigstens in den Grundzügen kennen. Auch elementare Konzepte der Mengenlehre werden vorausgesetzt. Dieses Buch enthält keine Einführung in die benutzten mathematischen Techniken. Wer befürchtet, eine solche Einführung zum Verständnis der nachfolgenden Formeln zu benötigen, sei auf die in der Literatur vorhandenen Kurzeinführungen (etwa den ›Mathematical Appendix‹ in Coombs, Dawes und Tversky 1970, oder das Kapitel über ›Sentences, Sets, and Probabilities‹ in Restle und Greeno 1970) verwiesen. Eine ausführlichere Darstellung des Wahrscheinlichkeits-Kalküls, die allerdings über den Rahmen

des zum Verständnis dieses Buches Notwendigen hinausgeht, bieten die einschlägigen Statistik-Bücher (etwa Haagen und Pertler 1976).
Abschließend noch eine Empfehlung zur Arbeitsweise beim Lesen dieses Buches. Einer der Vorteile formaler Darstellungen ist, daß diese komplizierte Sachverhalte kompakt ausdrücken. Eine Formel kann häufig viele Textseiten ersetzen. Daraus folgt, daß ein mit vielen Formeln durchsetztes Buch zum Verständnis einen größeren Zeitaufwand voraussetzen dürfte als ein formelfreies Buch gleichen Umfanges. Vor allem jene Leser, die mit derartigen Texten weniger vertraut sind, seien darauf hingewiesen, daß man sicher viele Teile mehrfach lesen muß, um sie richtig zu verstehen. Da kein Autor alle möglichen Kenntnislücken seiner Leser voraussehen und berücksichtigen kann, dürfte allerdings häufig an einigen Stellen auch das mehrfache Lesen noch nicht helfen. In solchen Fällen ist anzuraten, Teile der an jedem Kapitelende aufgeführten weiterführenden Literatur heranzuziehen.
In diesem Buch wird übrigens auch auf die Darstellung allgemeiner Resultate der einschlägigen Lernforschung verzichtet, obwohl deren Kenntnis stellenweise vorausgesetzt wird. Wer nicht ohnehin aufgrund seiner bisherigen Studien weiß, was etwa Begriffe wie ›Wahrscheinlichkeitsanpassung‹, ›Reizgeneralisation‹, ›Diskriminierungslernen‹ usw. bedeuten, dem sei die Lektüre eines der einschlägigen Werke über lernpsychologische Forschungen und ihre Ergebnisse (etwa Foppa 1965) empfohlen.
Als Lohn für alle diese Mühen steht die Erwartung, daß die sorgfältige Durcharbeitung dieses Buches den Leser in Stand setzen dürfte, weitere Arbeiten über stochastische Lernmodelle besser zu verstehen, um dann die durch solche Modelle gegebenen Möglichkeiten in der eigenen Forschung und Praxis besser nutzen zu können.

1.4 Einige Formalismen

Auf ungewöhnliche mathematische Zeichen wird der Leser in diesem Buch kaum stoßen. Dennoch gibt es einige Dinge, die nicht ganz alltäglich sind, und einige andere, die teilweise unterschiedlich gehandhabt werden. Hierzu nun einige kurze Hinweise.
Auflistungen in *geschweiften Klammern*, wie etwa

$$\{a, b, c, d\},$$

kennzeichnen *Elemente einer Menge*. Innerhalb einer solchen Klammerung ist die Reihenfolge der Angaben willkürlich. Wir benutzen dagegen *spitze Klammern*, wie etwa

$$\langle a, b, c, d \rangle,$$

um *Elemente einer Folge* einzuschließen. Hier ist die Reihenfolge festgelegt; die gleichen Elemente in anderer Anordnung ergeben eine andere Folge.
Beim Umgang mit Mengen benutzen wir die üblichen Symbole.

$$a \in A$$

kennzeichnet den Tatbestand, daß a ein *Element der Menge* A ist. Für die *Vereinigung* schreiben wir

$$A \cup B$$

zur Charakterisierung jener Menge, der alle Elemente angehören, die in A oder in B (oder in beiden Mengen) enthalten sind. Die Bildung des *Durchschnitts*

$$A \cap B$$

führt auf die Menge aller Elemente, die sowohl zu A als auch zu B gehören. Die Relation ›*Teilmenge von*‹ in der Form

$$A \subseteq B$$

gibt an, daß jedes Element von A auch zu B gehört, wobei vollständige Gleichheit beider Mengen nicht ausgeschlossen ist. Schreiben wir dagegen

$$A \subset B,$$

so bezeichnen wir damit A als ›*echte Teilmenge von*‹ B, und B enthält seinerseits mindestens ein Element, das nicht in A enthalten ist. Das *Komplement* einer Menge A

$$\bar{A}$$

steht für eine Menge, der alle Elemente angehören, die nicht in A enthalten sind. Mit dem Zeichen

$$\emptyset$$

kennzeichnen wir die *leere Menge*, die kein Element enthält.
Bedingungen werden im allgemeinen durch einen *senkrechten Strich* abgetrennt. So steht

$$p(A|B)$$

für die Wahrscheinlichkeit von A gegeben B, oder

$$\{x|S(x)\}$$

für die Menge aller x, die die Eigenschaft S besitzen.
Allgemein bekannt sein dürfte das *Summenzeichen*

$$\textstyle\sum_{i=a}^{b} x_i$$

als verkürzte Schreibweise von

$$x_a + x_{a+1} + x_{a+2} + \ldots + x_{b-1} + x_b\,.$$

Soll die Summation über alle in einem gegebenen Kontext verfügbaren Komponenten laufen, so verzichten wir häufig auf die Angabe der Grenzen. Summation über alle verfügbaren Komponenten, die einer bestimmten Bedingung genügen oder einer bestimmten Menge angehören, wird durch Angabe eben dieser Bedingung oder Menge unter dem Summenzeichen gekennzeichnet. Analog dazu taucht an einigen Stellen das *Produktzeichen*

$$\textstyle\prod_{i=a}^{b} x_i$$

als verkürzte Schreibweise des Produktes aller Komponenten von x_a bis x_b auf. Im Umgang mit Mengenfolgen gibt es entsprechend ein *Vereinigungszeichen*

$$\textstyle\bigcup_{i=a}^{b} A_i$$

zur Kennzeichnung der Menge all jener Elemente, die mindestens einer der betrachteten Mengen A_i angehören, und ein *Durchschnittszeichen*

$$\textstyle\bigcap_{i=a}^{b} A_i$$

für die Menge der Elemente, die in jeder der betrachteten Mengen A_i enthalten sind. Zur Charakterisierung einer *Funktion* durch Argumentbereich und Wertevorrat benutzen wir die Schreibweise

$$f: A \rightarrow B\,.$$

Dieser Ausdruck besagt, daß f eine Funktion ist, die jedem Element aus A (als Argument) ein Element aus B (als Wert) zuordnet. Ist B ein beidseitig geschlossenes Intervall reeller Zahlen, so schreiben wir dafür auch

$$\overline{a, b}.$$

Dieser Ausdruck steht mithin für die Menge aller reellen Zahlen x, die der Bedingung

$$a \leq x \leq b$$

genügen. Eine Wahrscheinlichkeitsfunktion

$$P : A \rightarrow \overline{0,1}$$

ist mithin eine Vorschrift, die jedem Element aus A eine Zahl zwischen Null und Eins (als Wahrscheinlichkeit) zuweist.

2. Zustände und Ereignisse

Inhalt:

Es werden einige wichtige Grundbegriffe stochastischer Lernmodelle vorgestellt und erläutert. In der Literatur wird die hier benötigte Terminologie nicht einheitlich gehandhabt. Da die im folgenden eingeführten Begriffe bei allen weiteren Darstellungen in diesem Buch benutzt werden, sei – um Mißverständnissen vorzubeugen – auch jenen Lesern die Lektüre dieses Kapitels empfohlen, die bereits aus anderen Quellen mit grundlegenden Begriffen und allgemeinen Annahmen stochastischer Lernmodelle vertraut sind.

2.1 Beispiele für Lernprozesse

Psychologen denken beim Wort ›Lernen‹ möglicherweise zunächst an den hungrigen Pawlowschen Hund, dem mehrmals hintereinander nach einem Glockensignal ein Stück Fleisch gezeigt wird, und bei dem dann anschließend allein das Glockensignal zum Speichelfluß führt, oder an eine ebenso hungrige weiße Ratte, in deren Käfig ein Hebel angebracht ist, dessen Bedienung einen Futterautomaten in Betrieb setzt, und den auszulösen die Ratte lernt.

Derartige Prozesse der klassischen und der instrumentellen Konditionierung haben über viele Jahre hinweg einen breiten Bereich psychologischer Lernforschung eingenommen. Beim sogenannten ›Modellernen‹, das vor allem in letzter Zeit mehr von sich reden macht, wird nicht durch eigene Aktivität, sei diese nun Speichelfluß oder Hebeldruck, gelernt, sondern durch Beobachtung des Verhaltens anderer. Fast jeder Mensch, der zum ersten Mal in seinem Leben ein Ruderboot zu bedienen versucht, wird in der Lage sein, die notwendigen Ruderbewegungen zumindest angenähert erfolgreich auszuführen, sofern er bereits oft genug gesehen hat, wie so etwas geht.

Ein nur wenig psychologisch vorbelasteter Leser dürfte bei dem Wort ›Lernen‹ zunächst nicht an Beispiele der geschilderten Art denken, sondern an Prozesse, wie sie sich etwa im Schulunterricht abspielen. Man lernt die Vokabeln einer fremden Sprache oder im Geographieunterricht die Namen von Ländern, Städten und Flüssen. Hier geht es nicht direkt um den Erwerb bestimmter Verhaltensweisen, sondern vielmehr um Wissenserwerb.

Sicherlich kann man derartiges Wissen bei einem Menschen dadurch nachweisen, daß man von ihm Antworten auf entsprechende Fragen erbittet; solche Antworten sind Verhaltensweisen. Dennoch gibt es eine Reihe differenzierender Merkmale, die eine Unterscheidung zwischen ›Wissensgedächtnis‹ und ›Verhaltensgedächtnis‹ (Rohracher 1963, S. 104) sinnvoll erscheinen lassen. Eine solche Unterscheidung darf jedoch nicht dazu führen, daß Gemeinsamkeiten übersehen werden. Diese Gefahr kann etwa entstehen, wenn man Probleme des Verhaltensgedächtnisses unter dem Stichwort ›Lernen‹ und solche des Wissensgedächtnisses unter dem Stichwort ›Gedächtnis‹ ohne häufige Blicke über die jeweilige Grenze hinweg abhandelt.
Es gibt eine Reihe von Beispielen für Prozesse ähnlicher Art, die in der psychologischen Literatur kaum unter dem Stichwort ›Lernen‹ angesprochen werden. Die meisten von uns haben in der Schule das Schema der sogenannten ›Dreisatzaufgaben‹ ausgiebig geübt. Nimmt man nun an, daß beispielsweise an einem Marktstand 12 Eier DM 3,20 kosten und fragt man, wieviel denn wohl für 3 Eier zu bezahlen sei, so werden einige von uns dazu neigen, zunächst den Preis eines Eies auszurechnen, um diesen Wert dann mit 3 zu multiplizieren. Wesentlich einfacher ist es jedoch, zunächst festzustellen, daß 3 Eier 1/4 von 12 Eiern sind, und daß mithin der gesuchte Preis 1/4 von DM 3,20, also DM —,80 beträgt. Ein Festhalten an eingeübten Denkschemata bezeichnet man als ›Einstellungsbildung‹ oder als ›Fixierung‹. Auch solche Vorgänge weisen Merkmale von Lernprozessen auf.
Wir werden uns in diesem Buch mit Modellen beschäftigen, die für die Darstellung aller Prozesse der durch die angegebenen Beispiele charakterisierten Arten und Typen anwendbar sind. Unter einem Lernmodell verstehen wir hier also nicht nur ein Modell, das etwa ausschließlich für die Darstellung von Prozessen der klassischen oder der instrumentellen Konditionierung geeignet ist. Wenn ein Mensch in einem Telefonbuch eine Telefonnummer liest, und wenn dieser Mensch dann anschließend in der Lage ist, ohne einen weiteren Blick in das Telefonbuch diese Nummer zu wählen, so soll auch dieser ›Merkvorgang‹ prinzipiell durch Lernmodelle der hier zu behandelnden Art darstellbar sein. Selbst das zur Zeit wenig erforschte ›Lernen durch Einsicht‹, das beispielsweise dem Leser dieses Buches widerfahren könnte, wenn er am Ende dieses Absatzes eine Denkpause einlegt und dann durch eigene Überlegungen darauf kommt, was denn nun genau die Merkmale der hier betrachteten Prozesse sind, soll aus dem Anwendungsbereich der Lernmodelle nicht ausgeschlossen sein.
Klassische Konditionierung, instrumentelle Konditionierung, Beobachtungslernen, Wortgedächtnis, Verhaltensgedächtnis, Lernen durch Einsicht, Einprägen, Merken, all das sind Begriffe für bestimmte Arten von Prozessen, die durch formale Lernmodelle abgebildet werden können.

2.2 Stochastische Modelle

Die *›stochastischen Lernmodelle‹* stellen einen Sonderfall der *›mathematischen‹ Modelle oder Theorien* dar. Wir werden dem Vorbild von Greeno und Bjork (1973, S. 84) folgen und jedes System als ›mathematische‹ Theorie oder als ›mathematisches‹ Modell akzeptieren, das Hypothesen formalisiert und aus ihnen unter Benutzung mathematischer Techniken Folgerungen ableitet. Als *›stochastisches‹ Modell* oder als ›stochastische‹ Theorie akzeptieren wir

> jedes System, das Hypothesen formalisiert, und das unter Benutzung mathematischer Techniken daraus Folgerungen ableitet, sofern mindestens eine dieser Folgerungen eine Wahrscheinlichkeitsaussage ist.

Diese Grenzziehung ist nicht sehr streng; sie weicht beispielsweise der Diskussion um eine Abgrenzung zwischen probabilistischen und stochastischen Modellen aus. Da wir es im folgenden stets mit der Darstellung zeitlich verlaufender Prozesse und nicht mit punktuellen Einzelereignissen zu tun haben, denen – eben weil es sich um Prozesse handelt – wohl in jedem Fall das Prädikat ›stochastisch‹ zuzuerkennen wäre, ist eine hier mögliche Unterscheidung im Kontext dieses Buches ohnehin nicht von Belang. Was nun aber ein ›stochastisches *Lernmodell*‹ ist, werden wir erst nach einigen zusätzlichen Begriffserklärungen sagen können.

2.3 Zustände

Lernprozesse verändern Verhaltenstendenzen und/oder den Informationsstand eines Individuums. Von einem Menschen, der eine bestimmte Telefonnummer weiß und damit zu wählen imstande ist, können wir aussagen, er befinde sich in einem anderen Zustand als zu einem früheren Zeitpunkt, an dem er dieses Wissen noch nicht besaß. Auch der Zustand des Pawlowschen Hundes ist nach dem mehrmaligen Vorzeigen von Futter im Anschluß an ein Glockensignal ein anderer als vorher. Diese Veränderung des Zustandes äußert sich in der Tatsache, daß hinterher bei ihm auf einen Glockenton hin Speichelfluß einsetzt, was vor dem Konditionierungsprozeß nicht der Fall war. Wir können also ganz allgemein davon sprechen, daß bei einem Individuum zu jedem Zeitpunkt ein bestimmter *Zustand* realisiert ist, der im Zuge eines Lernprozesses möglicherweise verändert wird.
Nun werden wir aber nicht jede denkbare Art der Zustandsänderung als ›Lernen‹ bezeichnen. Wir grenzen so ab, daß wir genau dann von ›Lernen‹ sprechen,

> wenn irgendwelche hierzu geeigneten *Ereignisse* zu *Zustandsänderungen* führen. Innerhalb eines jeden Lernmodells ist daher zu spezifizieren, welche *Zustände* und welche *Ereignisse* im Modell dargestellt werden sollen.

Konstruieren wir ein einfaches Beispiel. Es soll ein Modell für den Prozeß des Erlernens einer Vokabelliste mit 20 Vokabeln aufgestellt werden. Dabei sei uninteressant, welches Wort wie schnell gelernt wird. Gegenstand der Untersuchungen sei lediglich die Frage, wieviele Wörter eine Person nach mehrfachem Durchlesen der Liste richtig angeben kann. Wir könnten hier jeden Zustand dadurch charakterisieren, daß wir angeben, wieviele Vokabeln bereits fehlerfrei gelernt sind. Die Zustände wären dann durch die ganzen Zahlen 0, 1, 2,... 20 zu kennzeichnen. Nun zeigt sich, daß auch andere Angaben über Zustände in diesem Rahmen möglich sind. So können wir etwa davon reden, daß sich eine Person in einem Lernprozeß der geschilderten Art in einem Zustand befindet, in dem sie »mehr als 10 Vokabeln« richtig wiedergeben kann. Es besteht kein Grund, »mehr als 10« nicht auch als einen ›Zustand‹ zu charakterisieren. Wir werden also die Menge der möglichen Zustände in einem Lernmodell so gestalten, daß derartige Bildungen möglich sind.
Wir wollen nun zeigen, wie man diese Überlegungen formalisieren kann. Dazu gehen wir davon aus, daß es bei einem Lernmodell eine Menge von Zustandsbeschreibungen gibt, die so präzis sind, daß sie für alle im Rahmen des jeweiligen Modells möglichen Aussagen hinreichend genaue Angaben enthalten. Die Menge all dieser elementaren Zustandsbeschreibungen bezeichnen wir mit Z. Auf jeder Stufe eines jeden individuellen Lernprozesses ist also genau ein Element aus Z die jeweils zutreffende Zustandsbeschreibung.

Z

Als *Zustände* bezeichnen wir nun gewisse Teilmengen von Z. Ein Zustand umfaßt also unter Umständen mehrere mögliche elementare Zustandsbeschreibungen; er kann bestimmte in eben diesen Beschreibungen enthaltene Aspekte vernachlässigen. Für die Menge $\mathfrak{Z}$ aller Zustände soll gelten:

[2.3.1] $Z \in \mathfrak{Z}$

[2.3.2] wenn $X \in \mathfrak{Z}$, dann ist auch $\bar{X} \in \mathfrak{Z}$

[2.3.3] $\bigcup_{n=1}^{\infty} X_n \in \mathfrak{Z}$, sofern alle $X_n \in \mathfrak{Z}$.

Die erste Forderung besagt, daß die Menge aller möglichen elementaren Zustandsbeschreibungen ein Zustand ist. Da, wie bereits gesagt wurde, auf jeder Stufe eines Lernprozesses eine der möglichen Beschreibungen zutrifft, liegt eben jener Zustand, der die Menge *aller* Beschreibungen umfaßt, in jedem Fall vor. Im Beispiel des Vokabellernens würde durch die erste Forderung ein Zustand definiert, der angibt, daß die betrachtete Person irgendeine Anzahl zwischen 0 und 20 Vokabeln bereits fest gelernt hat. Das aber ist aufgrund der vorgegebenen Lernaufgabe sicher. Wir bezeichnen deshalb Z auch als *›sicheren Zustand‹*. Die zweite Forderung stellt klar, daß man jede Aussage, die einen Zustand beschreibt, auch negieren kann und so wieder einen Zustand erhält. Ist beispielsweise »weniger als 3 Vokabeln gelernt« ein Zustand, so ist auch »3 oder mehr Vokabeln gelernt« ein solcher. Die dritte Forderung schließlich sichert, daß man Folgen von Zuständen zusammenfassen kann. Betrachten wir etwa die 3 Zustände »1 Vokabel richtig gelernt«, »2 Vokabeln richtig gelernt«, und »3 Vokabeln richtig gelernt«, so können wir daraus durch Vereinigung den Zustand »1 oder 2 oder 3 Vokabeln richtig gelernt« bilden. Dieser Prozeß der Vereinigungsbildung soll grundsätzlich auch über unbegrenzt aber abzählbar viele Glieder hinweg durchführbar sein.
Eine Struktur, die den angegebenen 3 Forderungen genügt, wird als eine *σ-Algebra* bezeichnet. Wir können also bis hierher festhalten,

▌ daß es für Lernmodelle sinnvoll ist, Zustandsmengen zu betrachten, die σ-Algebren sind.

Nun ist aber die Aufstellung einer Menge elementarer Zustandsbeschreibungen Z und einer Menge $\mathfrak{Z}$ mit den Eigenschaften einer σ-Algebra für eine befriedigende Darstellung noch nicht hinreichend. Betrachten wir wieder unser Beispiel einer Vokabelliste mit 20 Vokabeln. Die Zustandsbeschreibungen seien gekennzeichnet durch die Anzahl der bereits gelernten Wörter, es sei also

$$Z = \{0, 1, 2, \ldots, 20\}.$$

Wir bilden nun eine Menge $\mathfrak{Z}$ aus nur 2 Zuständen. Einer davon sei der sichere Zustand, der andere dessen Negation. Der sichere Zustand liegt in jedem Fall vor, dessen Negation liegt also niemals vor und wird als *›unmöglicher Zustand‹* bezeichnet. Man kann leicht zeigen, daß diese Menge aus nur 2 Zuständen die geforderten Eigenschaften einer σ-Algebra besitzt. Dennoch dürfte sie für ein Lernmodell kaum von Nutzen sein, da bei ihr die bereits in der Menge der elementaren Beschreibungen Z vorgenommene Differenzierung wieder verloren geht. Wir werden daher bei endlichem Z meistens verlangen, daß die Mengen aus je einem in Z angegebenen Zustand auch in $\mathfrak{Z}$ enthalten sind. Weiterhin kann gefordert werden, daß $\mathfrak{Z}$ keine über Z hinausgehenden Differenzierungen einführt. Wir müssen also eine Menge von »kleinsten« Zuständen definieren, die *›Elementarzustände‹* genannt werden. Dabei ist zu sichern, daß jedes Element aus Z zu einem und nur einem Elementarzustand gehört. Bei endlichem Z ist schlicht jede Teilmenge, die genau ein Element enthält, als Elementarzustand aufzufassen. Die Menge aller Elementarzustände sei mit Z* bezeichnet. Z* enthält also genau jene Zustände, für die das jeweilige Lernmodell keine zusätzlichen Spezifizierungen mehr gestattet. Damit auch diese zur Menge aller Zustände gehören, ist formal zu fordern:

[2.3.4] $Z^* \subseteq \mathfrak{Z}$

[2.3.5] Es existiert keine σ-Algebra A mit
1. $Z^* \subseteq A$
und 2. $A \subset \mathfrak{Z}$

Sind diese Forderungen erfüllt, so sagt man, daß $\mathfrak{Z}$ die von der Menge der Elementarzustände Z^* *erzeugte σ-Algebra* ist.

Das System aus einer Menge und der von einem System ihrer Teilmengen erzeugten σ-Algebra nennt man einen *Meßraum*. Das System aus der Menge Z und der von der Menge aller Elementarzustände Z^* erzeugten σ-Algebra $\mathfrak{Z}$ heißt der *Zustandsraum* des jeweiligen Lernmodells, Z selbst wird *Zustandsmenge* und $\mathfrak{Z}$ *Zustandsalgebra* genannt.

2.A Es sei X eine Menge. Ein System $\mathfrak{X}$, bestehend aus Teilmengen von X, heißt genau dann eine *σ-Algebra*, wenn gilt:

2.A.1 $X \in \mathfrak{X}$,
2.A.2 wenn $A \in \mathfrak{X}$, dann auch $\bar{A} \in \mathfrak{X}$,
2.A.3 $\bigcup_{n=1}^{\infty} A_n \in \mathfrak{X}$, sofern alle $A_n \in \mathfrak{X}$.

2.B Es sei X' eine Menge von Teilmengen aus X. Eine σ-Algebra $\mathfrak{X}$ heißt ›*von X' erzeugte σ-Algebra*‹, wenn gilt:

2.B.1 $X' \subseteq \mathfrak{X}$,
2.B.2 es existiert keine σ-Algebra $\mathfrak{Y}$ mit

1. $X' \subseteq \mathfrak{Y}$
und 2. $\mathfrak{Y} \subset \mathfrak{X}$

2.C Es sei X eine Menge und $\mathfrak{X}$ die von einem System ihrer Teilmengen erzeugte σ-Algebra. Dann heißt

$\langle X, \mathfrak{X} \rangle$

ein *Meßraum*.

2.D Zu jedem Lernmodell gehört eine *Zustandsmenge* Z.

2.E Es sei Z^* die Menge aller Elementarzustände. Die von Z^* erzeugte σ-Algebra $\mathfrak{Z}$ heißt ›*Zustandsalgebra*‹.

2.F Der Meßraum $\langle Z, \mathfrak{Z} \rangle$ wird ›*Zustandsraum*‹ genannt.

2.4 Ereignisse

Neben den verschiedenen Zuständen eines Individuums, über die ein Lernmodell etwas aussagen möchte, ist nun noch festzulegen, welche Ereignisse im jeweiligen Modell dargestellt werden sollen. Dabei spielen Ereignisse beim Lernprozeß eine doppelte Rolle. Auf der einen Seite bestimmt der jeweilige Zustand die Wahrscheinlichkeiten, mit denen bestimmte Ereignisse zu erwarten sind; auf der anderen Seite determiniert ein realisiertes Ereignis, wie sich der zuvor gegebene Zustand ändert.
Von welcher Art jene Gegebenheiten sind, die in Lernmodellen als Ereignisse unterschieden werden, ist nicht einfach zu bestimmen, da hier eine Reihe unterschiedlicher Ansätze

existiert. Betrachtet man Experimente zur instrumentellen Konditionierung, so läßt sich leicht jeder Lernschritt durch eine Reizsituation, eine Reaktion des betrachteten Organismus und eine daraus folgende Konsequenz darstellen. Beim Vokabellernen wird etwa nach einem bestimmten Wort gefragt (Situation), dann erfolgt eine richtige oder auch falsche Antwort (Reaktion) und anschließend wird gesagt, ob diese Antwort richtig war oder nicht (Konsequenz). Bei Lernprozessen dieser Art könnte man also Situations-Reaktions-Konsequenz-Kombinationen als Ereignisse auffassen.
Es ist leicht einzusehen, daß eine derartige Beschreibung der Gegebenheiten, die als ›Ereignisse‹ angesehen werden sollen, nicht in jedem Fall ausreichend ist. So wird beim Vokabellernen auch das einfache Durchlesen der jeweiligen Vokabelliste möglicherweise zu einer Zustandsänderung führen. Dieser einfache Akt des Durchlesens ist jedoch nur mit unnötig komplizierten zusätzlichen Annahmen als eine Situations-Reaktions-Konsequenz-Kombination darstellbar. Man könnte nun daran denken, den Begriff ›Ereignis‹ auf Klassen beobachtbarer Vorgänge, die für den jeweils betrachteten Lernprozeß bedeutsam sind, anzuwenden. Dies ist jedoch immer noch nicht hinreichend allgemein. Das Lesen einer Vokabelliste ist beobachtbar; nicht beobachtbar ist jedoch, welcher Aufmerksamkeitsgrad beim Lesen vorhanden ist. Es mag aber sein, daß eben diese Variable mögliche Zustandsveränderungen maßgeblich beeinflußt. Wir wollen daher auch solche Möglichkeiten für spezifische Lernmodelle offen lassen.
Unsere Überlegungen haben gezeigt, daß man kaum eine genauere Umschreibung des Begriffs ›Ereignis‹ geben kann, die allen möglichen Varianten in verschiedenen Lernmodellen gerecht wird. Aus diesem Grunde gehen wir zunächst lediglich davon aus, daß

> in jedem Lernmodell eine *Ereignismenge* X anzugeben ist. Deren Elemente sollen in dem Sinne einander ausschließen, daß zu keinem Zeitpunkt mehr als eines von ihnen realisiert sein kann. Die kleinsten Teilmengen von X, innerhalb derer nicht mehr differenziert wird, heißen *›Elementarereignisse‹*.

Innerhalb einer solchen Menge X können wir nun jeweils alle die Ereignisse, die sich durch äußere Beobachtung nicht voneinander unterscheiden lassen, zusammenfassen. Die Menge der so entstehenden Klassen sei mit B gekennzeichnet. Analog unserem Vorgehen bei der Behandlung der Zustände können wir nun die durch B erzeugte σ-Algebra betrachten, deren Elemente ›beobachtbare Ereignisse‹ heißen.

> Jedes Element aus B, also jede Klasse durch äußere Beobachtung nicht unterscheidbarer Ereignisse, wird ein elementares *›beobachtbares Ereignis‹* genannt.

Einfache Lernmodelle verzichten oft auf die Möglichkeit der Erfassung von Generalisations- und/oder Transferphänomenen. In solchen Modellen kann man einen Prozeß, in dem verschiedene Reizsituationen auftauchen, in verschiedene Prozesse aufteilen, und diese dann getrennt untersuchen. Wollen wir etwa beim Erlernen einer Vokabelliste auf die Darstellung von Generalisations- und Transferphänomenen verzichten, so können wir für jede einzelne Vokabel einen eigenen Lernprozeß annehmen. In solchen Fällen ist bei jedem Einzelprozeß die Berücksichtigung der Reizsituationen bei der Ereignisbeschreibung überflüssig. Iosifescu und Theodorescu (1969, S. 203) betrachten sogar ganz allgemein einen Lernprozeß nur dann als gegeben, wenn »eine Person wiederholt der gleichen experimentellen Situation ausgesetzt« wird. Wir wollen diese Einschränkung nicht machen, aber dennoch darauf hinweisen, daß man sie an verschiedenen Stellen in der Literatur finden kann. Unter der angegebenen Einschränkung kann häufig ein elementares beobachtbares Ereignis allein durch die Angabe der jeweiligen Reaktion und der darauf erfolgten Konsequenz beschrieben werden. Derartige

Klassen von Ereignissen, bei denen alle Elemente einer Klasse durch die gleiche Reaktion und die gleiche Konsequenz charakterisiert sind, bezeichnet man oft als ›*experimentelle Ereignisse*‹ (z. B. Sternberg 1963, S. 6ff.).

Eine andere Aufteilung, von der praktisch jedes Lernmodell Gebrauch macht, faßt jeweils die Ereignisse zu einer Klasse zusammen, bei denen die gleiche Reaktion zur Ereignisbeschreibung gehört. Jede solche Klasse charakterisiert dann eine Reaktion des lernenden Organismus.

Wir können die Menge der in einem Lernmodell zu untersuchenden *Reaktionen* R als ein System einander ausschließender und erschöpfender Mengen von Ereignissen aus X auffassen.

R

Da der jeweilige Zustand eines lernenden Organismus die Wahrscheinlichkeiten der möglichen Ereignisse bestimmen soll, sind mithin auch die Reaktionswahrscheinlichkeiten durch den jeweiligen Zustand festgelegt.
Ganz entsprechend kann man durch eine andere Art der Zusammenfassung auf die Menge aller zu untersuchenden *Reizsituationen* S kommen. Es ist also prinzipiell möglich, auch die Wahrscheinlichkeiten der verschiedenen Situationen als Funktion des gegebenen Lernzustandes aufzufassen. Von dieser Möglichkeit wird allerdings sehr selten Gebrauch gemacht. Die weitaus meisten Modelle unterstellen, daß die jeweiligen Reizsituationen ohne Einflußnahme des lernenden Subjekts vorgegeben werden. Ein solches Vorgehen ist typisch für die meisten experimentellen Untersuchungen. Wir kennen jedoch auch das Vermeidungslernen, bei dem als Folge früherer Erfahrungen bestimmte Situationen mit geringerer Wahrscheinlichkeit aufgesucht werden. Zur Darstellung solcher Prozesse wären Modelle sinnvoll, die eine Abhängigkeit der Situationswahrscheinlichkeiten vom Lernzustand vorsehen. Weiterhin ist hier an die sogenannten ›Entscheidungsmodelle‹ zu denken, bei denen ein ›Lehrer‹ aufgrund einer Schätzung des erreichten Lernzustandes die jeweils nächste Situation auswählt, um etwa den Zeitbedarf oder andere Größen eines Lernvorganges möglichst klein zu halten (siehe z. B. Rhenius 1971).
Soll ein Lernmodell überhaupt in der Lage sein, eine möglichst große Vielzahl empirischer Befunde in möglichst wenig Annahmen zusammenzufassen, so wird es nicht umhin können anzunehmen, daß verschiedene Ereignisse den gleichen Effekt auf die Veränderung eines Lernzustandes haben können.

Ereignisse, von denen angenommen wird, daß sie den gleichen zustandsändernden Effekt haben, heißen ›*äquivalente Ereignisse*‹.

Man kann nun wiederum jeweils die Ereignisse aus X zu einer Klasse zusammenfassen, von denen der gleiche Einfluß auf den Lernzustand unterstellt wird.
Die Menge dieser Klassen E wird oft einfach als ›Ereignismenge‹ bezeichnet.

E ist die Menge der Klassen einander äquivalenter Ereignisse. Die Elemente von E heißen ›*Modellereignisse*‹.

An einem einfachen Beispiel soll der Begriff ›Modellereignisse‹ kurz näher erläutert werden. Wir nehmen an, daß beim Lernen einer bestimmten Vokabel jeweils eben diese Vokabel erfragt wird, daß dann eine Versuchsperson eine Antwort gibt, und daß daraufhin ein Versuchsleiter der Versuchsperson entweder sagt, ihre Antwort sei richtig gewesen, oder die richtige Vokabel nennt. Der Einfachheit halber wollen wir weiter annehmen, die Zahl der möglichen Antworten sei auf fünf beschränkt. Wir bezeichnen diese Antworten mit $a_1, a_2, \ldots, a_5$. Sagt der Versuchsleiter »richtig«, dann wollen wir diese Konsequenz mit ›+‹ kennzeichnen. ›$-a_i$‹ stehe für eine Antwort des Versuchsleiters, in der gesagt wird, die Antwort sei falsch, richtig sei hingegen die Vokabel a_i. Es gibt dann fünf verschiedene Reaktionsmöglichkeiten und zu jeder Reaktion wiederum fünf verschiedene mögliche Konsequenzen, insgesamt also 25 Ereignisse. Wir können nun annehmen, daß für den weiteren Verlauf des Lernprozesses allein entscheidend ist, welche Information die Versuchsperson über das jeweils richtige Wort erhält. Ob sie dieses Wort genannt hat und dann ein »richtig« hört, oder ob sie irgendeines der vier anderen Wörter genannt hat und dann das richtige Wort erfährt, ist für das Lernen uninteressant. Da ihr jedes der fünf Wörter als ›richtig‹ vorgestellt werden kann, gibt es mithin unter dieser Annahme nur fünf verschiedene Modellereignisse. Es ist also

$$E = \{e_1, e_2, \ldots, e_5\}.$$

Dabei können diese fünf Modellereignisse wie folgt durch die ursprünglich eingeführten experimentellen Ereignisse beschrieben werden:

$$e_1 = \{(a_1, +), (a_2, -a_1), \ldots (a_5, -a_1)\},$$
$$e_2 = \{(a_1, -a_2), (a_2, +), \ldots (a_5, -a_2)\},$$
$$\vdots$$
$$e_5 = \{(a_1, -a_5), (a_2, -a_5), \ldots (a_5, +)\}.$$

Die für Zustände angeführten Überlegungen, die zur Einführung von σ-Algebren geführt haben, können wir ganz analog auch für Ereignisse durchführen. Auch hier ist es – um in jedem Fall Wahrscheinlichkeitsaussagen zu ermöglichen – sinnvoll, zu jedem betrachteten System von Ereignisklassen die davon erzeugte σ-Algebra und den so entstandenen Meßraum in die Betrachtungen einzubeziehen.

Die zur Menge der Modellereignisse gehörende σ-Algebra wird oft ›*Ereignisalgebra*‹ genannt; der damit gegebene Meßraum heißt ›*Ereignisraum*‹ des betrachteten Lernmodells.

2.G Zu jedem Lernmodell gehört eine *Ereignismenge* X und die zugehörige Menge von *Elementarereignissen* X*.

2.H Je nach der Art der Aussagen, die das betrachtete Lernmodell anstrebt, kann man X verschiedenartig aufteilen. So entstehen etwa als verschiedene Systeme von einander ausschließenden und erschöpfenden Teilmengen von X:
1. die Menge der elementaren *beobachtbaren Ereignisse* B,
2. die Menge der *Reizsituationen* S,
3. die Menge der *Reaktionen* R,
4. die Menge der *Konsequenzen* O,
5. bei Prozessen mit nur einer Reizsituation: die Menge der *experimentellen Ereignisse* $R \times O$.

2.I Ereignisse, von denen unterstellt wird, daß sie bei gleichem Zustand in jedem Fall die gleiche Zustandsänderung auslösen, heißen ›*äquivalente Ereignisse*‹. Die Menge der Klassen einander äquivalenter Ereignisse E wird oft einfach als ›*Ereignismenge*‹ bezeichnet. Ihre Elemente heißen ›*Modellereignisse*‹.

2.K Zu allen in 2.H genannten Mengen und zu jeder entsprechend gebildeten Aufteilung von X kann man in einem Lernmodell die zugehörigen *σ-Algebren* und *Meßräume* betrachten. Damit werden Wahrscheinlichkeitsaussagen über alle Systeme der genannten Art möglich.

2.L Die von der Menge der Modellereignisse E gebildete σ-Algebra $\mathfrak{E}$ heißt ›*Ereignisalgebra*‹ des jeweiligen Lernmodells. Der Meßraum $\langle X, \mathfrak{E} \rangle$ wird ›*Ereignisraum*‹ genannt.

2.5 Fragen

1. Es soll eine Liste mit nur zwei Vokabeln gelernt werden. Jede mögliche Anzahl bereits richtig gelernter Vokabeln beschreibe einen Elementarzustand. Wieviele Zustände enthält die Zustandsalgebra?
2. In einem Modell zum Vokabellernen (Liste mit n Vokabeln) sei ein Ereignis stets gegeben durch ein bestimmtes Muster richtiger und falscher Antworten beim Abfragen der Liste, wobei nach jeder falschen Antwort vom ›Lehrer‹ die richtige genannt wird. Zusätzlich möge vom Aufmerksamkeitsgrad abhängen, wieviele noch nicht gelernte Vokabeln bei einem solchen Durchgang dazugelernt werden. Jeder Elementarzustand sei durch die Anzahl bereits vollständig gelernter Vokabeln beschrieben. Wieviele Elementarereignisse enthält das System?
3. Für die unter 2. beschriebene Situation wird angenommen, daß für den Lernfortschritt nur der Aufmerksamkeitseffekt entscheidend ist, und zwar unabhängig vom jeweiligen Antwortmuster. Wieviele Modellereignisse sind zu unterscheiden?

2.6 Weiterführende Literatur

Eine – allerdings recht abstrakte – Darstellung der allgemeinen Struktur stochastischer Lernmodelle, die diesem und dem folgenden Kapitel weitgehend zugrundeliegt, findet man bei Iosifescu und Theodorescu (1969) im dritten Kapitel. Leichter verständlich sind die Ausführungen von Sternberg (1963), die allerdings spezifischer auf experimentell gestaltete Lernprozesse ausgerichtet sind. Beide Arbeiten enthalten jedoch Gedanken, die vermutlich erst nach der Lektüre des folgenden Kapitels voll verständlich werden.
Eine knappe und klare Darstellung der meisten mathematischen Konzepte, die hier benutzt werden (Algebren, Meßräume, usw.), kann man in dem Kapitel über Mengensysteme bei Henze (1971, S. 9–49) nachlesen.

3. Lernprozesse

Inhalt:

Es wird gezeigt, daß sich Lernprozesse als Folgen von Zustands-Ereignis-Kombinationen darstellen lassen; dabei wird die in Kapitel 2 begonnene Einführung wichtiger Begriffe aus stochastischen Lernmodellen fortsetzt. Darüberhinaus soll der Leser mit einigen Annahmen und Prinzipien zur allgemeinen Struktur derartiger Modelle vertraut gemacht werden. Auch für dieses Kapitel gilt, daß die hier vorgestellten Begriffe und Grundannahmen im weiteren Verlauf des Buches als bekannt vorausgesetzt werden.

3.1 Zustands-Ereignis-Folgen

Wir führen jetzt eine *Beschränkung* ein, die für alle weiteren Darstellungen in diesem Buch beibehalten wird, und zwar werden wir bei allen folgenden Überlegungen nur solche Lernprozesse betrachten, die in *zeitlich diskreten* Schritten verlaufen.

Wir nehmen also an, daß jeweils in einem bestimmten Zustand ein bestimmtes Ereignis erfolgen kann, und daß damit der Lernprozeß auf eine nächste Stufe gelangt, in der möglicherweise ein anderer Zustand vorliegt, und die mit dem Eintreten eines weiteren Ereignisses endet.

Die einzelnen Stufen oder Schritte eines Lernprozesses seien mit 1,2, ... durchnumeriert. Sicherlich gibt es eine Reihe interessanter Lernprozesse, für die diese Einschränkung nicht zutrifft. Soll eine Versuchsperson in einem Tracking-Experiment ein bewegtes Ziel verfolgen, das seine Lage nach bestimmten Gesetzmäßigkeiten ändert, so ist hier mit einem zeitlich kontinuierlichen Lernprozeß zu rechnen. Modelle für derartige Prozesse lassen sich durch Grenzübergänge aus Modellen für zeitlich diskrete Prozesse gewinnen. Wir werden aus diesem Grunde hier lediglich den einfacher darzustellenden Fall der zeitlich diskreten Lernvorgänge betrachten.

Unter der gemachten Einschränkung läßt sich jeder individuelle Lernprozeß als eine Folge von Elementarzuständen und Elementarereignissen darstellen.

Bezeichnen wir mit z_i den auf der i-ten Stufe vorliegenden Zustand und mit x_i das am Ende der i-ten Stufe eingetretene Ereignis, so ist ein Lernprozeß eine Folge

$$\langle z_1, x_1, z_2, x_2, \ldots z_i, x_i, \ldots \rangle.$$

Wir führen nun *Variablen* Z_i und X_i *für die Zustände und Ereignisse* auf den einzelnen Positionen ein. Jede Variable Z_i kann als Wert prinzipiell jeden Elementarzustand aus Z^* annehmen. Es ist also für die Wertevorräte bei jedem i

[3.1.1] $\quad Z_i = Z^*.$

Entsprechend gilt für die Ereignisvariablen

[3.1.2] $\quad X_i = X^*.$

Die Schreibweise

[3.1.3] $\quad Z_i = z \quad \text{für } z \in Z^*$

soll kennzeichnen, daß in einem bestimmten betrachteten Lernprozeß auf der i-ten Stufe der Zustand z vorliegt. Entsprechend bezeichnet

[3.1.4] $\quad X_i = x \quad \text{für } x \in X^*$

die Tatsache, daß auf Stufe i das Elementarereignis x eingetreten sei.
Wir haben bereits davon gesprochen, daß es in vielen Fällen sinnvoll ist, die Menge X aufzuteilen, etwa in die Klassen der beobachtbaren Ereignisse, der Reize, der Reaktionen, der Konsequenzen, der Modellereignisse, usw. Auch für diese Aufteilungen führen wir entsprechende Variablen ein. Wir schreiben also beispielsweise

$B_i = b$ statt $X_i \subseteq b$,
$S_i = s$ statt $X_i \subseteq s$,
$R_i = r$ statt $X_i \subseteq r$,
$O_i = o$ statt $X_i \subseteq o$,
$E_i = e$ statt $X_i \subseteq e$,

wenn wir kennzeichnen wollen, daß auf einer bestimmten Stufe i ein bestimmtes beobachtbares Ereignis eintritt, eine bestimmte Reizsituation gegeben ist, eine bestimmte Reaktion erfolgt, eine bestimmte Konsequenz eintritt, oder ein bestimmtes Modellereignis vorliegt. Jede mögliche Folge von Elementarzuständen und Elementarereignissen der Form

$$\langle z_1, x_1, z_2, x_2, \ldots z_i, x_i, \ldots \rangle$$

stellt einen möglichen individuellen Lernprozeß dar. Die Menge Ω aller dieser Folgen ist damit die Menge aller in einem gegebenen Modell unterscheidbaren Lernprozesse.

Wir bilden nun auf Ω eine σ-Algebra K, die alle Kombinationen von Werten der im Modell berücksichtigten Variablen für alle Positionen enthält. Damit ist es möglich, eine Wahrscheinlichkeitsfunktion

[3.1.5] $P : K \to \overline{0,1}$

zu definieren, die jeder in K enthaltenen Teilmenge von Ω eine Wahrscheinlichkeit zuordnet. Solche Wahrscheinlichkeiten haben bekanntlich die Eigenschaften:

[3.1.6] $P(\emptyset) = 0$,

[3.1.7] $P(\bigcup_{i=1}^{\infty} A_i) = \sum_{i=1}^{\infty} P(A_i)$, sofern
alle $A_i \in K$, und sofern stets $A_i \cap A_{j+i} = \emptyset$.

> Das System $\langle \Omega, K, P \rangle$, das aus dem Meßraum $\langle \Omega, K \rangle$ und der Wahrscheinlichkeitsfunktion P besteht, nennen wir den ›*Wahrscheinlichkeitsraum*‹ des jeweiligen Lernmodells.

Damit sind Wahrscheinlichkeiten definiert, die uns Aussagen über viele verschiedene Eigentümlichkeiten von Lernprozessen ermöglichen. Betrachten wir die Variable Z_i. Wir können dann jeweils die Menge aller individuellen Lernprozesse bilden, bei denen Z_i einen bestimmten Wert z besitzt. Diese Menge gehört zu K; dies gilt für alle möglichen z. Man kann also von der Wahrscheinlichkeit sprechen, mit der auf einer bestimmten Stufe des Lernprozesses ein bestimmter Elementarzustand vorliegt. Da die einzelnen Elementarzustände nicht gleichzeitig eintreten können, ist Z_i eine Zufallsvariable; das heißt, daß ihre Werte Mengen von Lernprozessen ohne gemeinsame Elemente repräsentieren, denen Wahrscheinlichkeiten zukommen. Ganz entsprechend kann man zeigen, daß auch alle X_i Zufallsvariablen sind, für die Verteilungen existieren. Die Elemente der zusätzlich gebildeten Systeme aus Ereignismengen B, S, R, O, E sind so konstruiert, daß sie Teilmengen von X darstellen, von denen ebenfalls je 2 kein gemeinsames Element enthalten. Unsere Konstruktion von K hat dafür gesorgt, daß auch alle diese Teilmengen und die aus ihnen zu bildenden Durchschnitte in K enthalten sind und damit eine Wahrscheinlichkeit besitzen. Es sind also nicht nur alle Z_i und X_i, sondern auch alle B_i, S_i, R_i, O_i, E_i usw. Zufallsvariablen. Das gleiche gilt für alle möglichen Kombinationen aus diesen Variablen. Wir können also etwa von der Wahrscheinlichkeit sprechen, mit der auf irgendeiner Stufe des Lernprozesses ein bestimmter Zustand und zwei Schritte weiter ein bestimmter anderer Zustand realisiert ist, während drei Schritte weiter eine bestimmte Reaktion erfolgt und sechs Schritte davor ein bestimmtes Ereignis eingetreten ist. Derart skurrile Bildungen werden wir im allgemeinen nicht benutzen; sie sollen nur veranschaulichen, wie vielfältig die Möglichkeiten sind, die die vorgenommene Konstruktion eines Wahrscheinlichkeitsraumes über der Menge aller möglichen individuellen Lernprozesse bietet.

3.A In einem Lernmodell für *zeitlich diskrete Prozesse* kann jeder individuelle Lernprozeß durch eine Folge von Elementarzuständen und Elementarereignissen dargestellt werden.

3.B Zur Menge Ω aller möglichen Folgen von Elementarzuständen und Elementarereignissen bilden wir die σ-Algebra K. Auf dem Meßraum $\langle \Omega, K \rangle$ definieren wir eine Wahrscheinlichkeitsfunktion

$$P : K \to \overline{0,1}.$$

Das System $\langle \Omega, K, P \rangle$ heißt ›*Wahrscheinlichkeitsraum*‹ des jeweiligen Lernmodells.

3.C Für die möglichen Zustände und Ereignisse auf den einzelnen Stufen eines Lernprozesses werden Variablen Z_i, X_i, B_i, S_i, R_i, O_i, E_i, usw. eingeführt. Die vorgenommene Konstruktion des Wahrscheinlichkeitsraumes sichert, daß alle diese Variablen und alle Kombinationen aus ihnen *Zufallsvariablen* sind.

3.2. Übergänge

Die zuletzt angestellten Überlegungen treffen auf eine Vielzahl von Zufallsprozessen zu, die sicherlich nicht alle als Lernprozesse anzusprechen sind. Zur Kennzeichnung stochastischer Lernmodelle werden wir also einige zusätzliche Einschränkungen vornehmen müssen.

Wir betrachten einen individuellen Lernprozeß. An Position i sei der Zustand z_i und das Ereignis x_i gegeben. Die Folge aller vorhergegangenen Zustände und Ereignisse wollen wir die ›*Vorgeschichte*‹ nennen und mit s_i bezeichnen. Alle auf z_i und x_i folgenden Zustände und Ereignisse bilden die ›*Nachgeschichte*‹ t_i. Es leuchtet ein, daß wir nur dann von einem Lernprozeß sprechen, wenn die Wahrscheinlichkeiten eines bestimmten Zustandes und/oder Ereignisses für alle beliebigen Nachgeschichten gleich sind. Wir fordern also, daß für beliebige i und beliebige Nachgeschichten t_i und t_i' gilt:

[3.2.1] $$P(Z_i=z|x_i,s_i,t_i)=P(Z_i=z|x_i,s_i,t_i'),$$

[3.2.2] $$P(X_i=x|z_i,s_i,t_i)=P(X_i=x|z_i,s_i,t_i').$$

Es gilt mithin für jeden Lernprozeß, daß die Wahrscheinlichkeiten der möglichen Zustände und der möglichen Ereignisse an einer bestimmten Position nicht davon abhängen, was *nach* dieser Position folgt.

Dies entspricht der Vorstellung, daß Lernen die Folge früherer Erfahrungen ist, nicht aber eine nur schwer vorstellbare Reaktion auf zukünftige Gegebenheiten, die noch nicht eingetreten sind. Wir werden daher im folgenden ›Nachgeschichten‹ nicht mehr betrachten.

Die Bedeutung der beiden folgenden Einschränkungen ist dagegen weniger leicht einzusehen.

Für jede Position i und für beliebige Vorgeschichten s_i und s_i' soll gelten

[3.2.3] $$P(X_i=x|z_i,s_i)=P(X_i=x|z_i,s_i').$$

Dies besagt, daß die Wahrscheinlichkeit eines Ereignisses auf einer bestimmten Stufe des Lernprozesses lediglich vom gegebenen Zustand abhängt, unabhängig davon, welche Vorgeschichte zu diesem Zustand geführt hat. Man kann diese Annahme als Teil einer impliziten Definition des Begriffs ›Zustand‹ ansehen. Sie fordert, daß die einzelnen Elementarzustände so konstruiert werden, daß bei gleichem Elementarzustand auf einer bestimmten Stufe des Lernprozesses auch gleiche Ereigniswahrscheinlichkeiten vorliegen. Anders ausgedrückt: die Beschreibung eines Zustandes muß alle Aspekte, die die Ereigniswahrscheinlichkeiten beeinflussen können, enthalten.

Da nach unseren bisherigen Überlegungen beobachtbare Ereignisse, Reize, Reaktionen, Konsequenzen und Modellereignisse Zusammenfassungen von Elementarereignissen sind, gilt für diese das Gleiche. Auch die Wahrscheinlichkeit einer jeden möglichen Reaktion muß durch den gegebenen Zustand und eventuell durch andere Aspekte des Ereignisraumes (z. B. durch den gegebenen Reiz), voll bestimmt sein, darf also nicht von Merkmalen der Vorgeschichte abhängen, die der gegebene Zustand nicht berücksichtigt. Eine – sicherlich sinnvolle – Abhängigkeit der Wahrscheinlichkeit einer Konsequenz von der jeweiligen Reaktion ist nicht ausgeschlossen, da sowohl Konsequenzen als auch Reaktionen Ereignisvariablen sind.

Bezüglich der *Zustandswahrscheinlichkeiten* sei eingeschränkt, daß für beliebige Vorgeschichten s_{i-1} und s_{i-1}' gelten soll:

[3.2.4] $$P(Z_i=z|Z_{i-1}=z', E_{i-1}=e, s_{i-1})= \\ =P(Z_i=z|Z_{i-1}=z', E_{i-1}=e, s_{i-1}').$$

Die Wahrscheinlichkeit eines Zustandes soll also lediglich vom vorhergegangenen Zustand und vom dabei eingetretenen Modellereignis bestimmt sein.

Auch diese Annahme beschreibt näher, was unter ›Zustand‹ zu verstehen ist. Hatten wir vorhin gesehen, daß die Unterscheidung der verschiedenen Elementarzustände in einem Modell so genau sein muß, daß bei gleicher Zustandsbeschreibung gleiche Ereigniswahrscheinlichkeiten resultieren, so wird nun zusätzlich gefordert, daß sich bei gleichem Zustand und gleichem Modellereignis auch die gleichen Wahrscheinlichkeiten für alle möglichen Folgezustände ergeben. Wir können dies zusammenfassen, indem wir sagen, daß jedes eintretende Ereignis nur vom gegebenen Zustand und jeder Zustand nur vom vorhergegangenen Zustand und dem dabei eingetretenen Ereignis abhängig ist. Darüberhinaus besitzt die Modelldarstellung eines Lernprozesses also kein ›Gedächtnis‹. Dies ist sicherlich sinnvoll, wenn man Lernvorgänge durch Modelle fassen will, die nicht ihrerseits wieder ein Modell zur Darstellung von Lernprozessen benötigen.

Es soll die Angabe eines Zustandes all das enthalten, was als Resultat des vorausgegangenen Lernverlaufs für den gesamten weiteren Verlauf von Belang ist.

Von vielen Autoren wird weiterhin gefordert, daß jede Wahrscheinlichkeit der Form

$$P(Z_i = z | Z_{i-1} = z', E_{i-1} = e)$$

entweder gleich Null oder gleich Eins sei.

Es wird also angenommen, daß jeder Zustand zusammen mit einem Modellereignis den nachfolgenden Zustand eindeutig bestimmt.

Diese Forderung, die etwa bei Iosifescu und Theodorescu (1969, S. 204) zu finden ist, wird nicht von allen Autoren übernommen (siehe z.B. Rhenius 1971). Sie erleichtert jedoch einige Ableitungen und stellt prinzipiell keine Einschränkung bei der Bildung möglicher Lernmodelle dar. Stellen wir uns ein Modell vor, dessen Ereignismenge Y heißen möge. In diesem Modell mögen für jedes Ereignis y Wahrscheinlichkeiten ungleich Null oder Eins für die möglichen Zustandsänderungen existieren. Es hindert uns nichts daran anzunehmen, daß eine nicht-beobachtbare Ereigniskomponente mit entsprechenden Wahrscheinlichkeiten über die Auswahl des jeweils nächsten Zustandes definitiv entscheidet. Unterscheiden wir nun für jedes y verschiedene x, die sich aus der Kombination des y mit den Möglichkeiten dieser nicht-beobachtbaren Komponente ergeben, so erhalten wir eine Ereignismenge X, die ein Modell ergibt, bei dem der jeweilige Folgezustand voll determiniert ist.
Wir können nun in jedem Lernmodell Funktionen einführen, die den jeweiligen Folgezustand bestimmen. Diese Funktionen werden *Operatoren* genannt.

Ein Operator ${}_{e,i}Q(Z_i): Z_i \rightarrow Z_{i+1}$ gibt für jedes mögliche Modellereignis und jede mögliche Position eines Lernprozesses an, welcher Zustand welchem folgt.
${}_{e,i}Q(z) = z'$ besagt, daß dem Zustand z auf Stufe i der Zustand z' folgt, sofern auf Stufe i das Modellereignis e eingetreten ist.

Wir wollen weiterhin einschränkend annehmen, daß alle Ereigniswahrscheinlichkeiten und alle Operatoren, die die Zustandsänderungen regeln, von der Nummer der jeweiligen Position in einem Lernprozeß unabhängig sind. Modelle mit dieser Eigenschaft nennt man ›*homogene Modelle*‹.
Während in der Mathematik auch nicht-homogene Modelle von einigem Interesse sind, dürfte dies für die Psychologie kaum der Fall sein. Nicht-homogene Modelle setzen eine eindeutige Zählung der Schritte eines Lernprozesses voraus. Wir können weder in Experimenten noch bei Alltagsbeobachtungen die Möglichkeit einer solchen Zählung

annehmen, da dies eine vollständige Kenntnis der gesamten Vorgeschichte eines jeden Individuums voraussetzen würde. Allein diese Tatsache des im allgemeinen nicht vollständig bekannten ›Vorlernens‹ ist ein Argument für die Verwendung homogener Modelle. Hinzu kommt, daß kaum psychologisch sinnvolle Begründungen für nicht-homogene Modelle möglich sein dürften. Derartige Argumente müßten davon ausgehen, daß Lernen nicht lediglich als eine Zustandsänderung infolge von Ereignissen aufzufassen ist, sondern daß diesen Prozessen zusätzlich Vorgänge überlagert sind, die durch eine Art ›innere Zählung‹ von Ereignissen bestimmter Art gesteuert werden.

Bei homogenen Lernmodellen existieren Wahrscheinlichkeitsverteilungen der Form

$$P(X|Z)$$

sowie Operatoren ${}_eQ(Z)$. $P(X|z)$ gibt an, mit welchen Wahrscheinlichkeiten welche Ereignisse bei einem gegebenen Zustand z zu erwarten sind; ${}_eQ(Z)$ bestimmt, welcher Zustand einem gegebenen Zustand bei einem bestimmten Modellereignis folgt.
Legen wir nun für einen Lernprozeß noch den Startzustand

$$Z_1 = z_0$$

fest, oder aber zumindest eine Verteilung über die verschiedenen möglichen Startzustände

$$P(Z_1)$$

so sind alle notwendigen Angaben, die ein stochastisches Lernmodell konstituieren, gemacht. Wir fassen zusammen:

3.D Zu einem *homogenen stochastischen Lernmodell für zeitlich diskrete Lernprozesse* gehören:
1. ein Zustandsraum $\langle Z, \mathfrak{Z} \rangle$,
2. ein Ereignisraum $\langle X, \mathfrak{X} \rangle$,
3. ein geeigneter Wahrscheinlichkeitsraum $\langle \Omega, K, P \rangle$, in dem die Unabhängigkeit der Zustandswahrscheinlichkeiten von den Nachgeschichten und von früheren als dem vorangegangenen Zustand und die Unabhängigkeit der Ereigniswahrscheinlichkeiten von allem anderen außer dem gegebenen Zustand gewährleistet sind.
4. Verteilungen $P(X|z)$ für alle $z \in Z$, die die Ereigniswahrscheinlichkeiten angeben, und
5. Operatoren ${}_eQ(Z)$ für alle $e \in E$, die festlegen, welcher Zustand bei einem bestimmten Modellereignis in welchen Zustand übergeht.

3.3 Fragen

1. Beim Unterscheidungslernen (es sollen in verschiedenen Situationen jeweils verschiedene »angemessene« Reaktionen erfolgen) spielt die Reihenfolge, in der verschiedene Situationen dargeboten werden, eine nicht unerhebliche Rolle. Wie kann man das bei der Modellkonstruktion berücksichtigen?
2. Formulieren Sie bitte die Operatoren eines Modells für die in den Fragen 2 und 3 im 2. Kapitel (Seite 23) beschriebene Situation.
3. Gegeben ist ein Modell mit zwei Elementarzuständen z und z′ und mit zwei Modellereignissen e und e′. Es sei $P(e|z) = P(e|z') = p$. Operatoren seien

$$ {}_eQ(z) = {}_eQ(z') = {}_{e'}Q(z') = z', $$
$$ {}_{e'}Q(z) = z. $$

Welche Wahrscheinlichkeiten haben die Klassen aller Prozesse, die mit

1. $\langle Z_1 = z, E_1 = e', Z_2 = z, Z_2 = e', Z_3 = z, E_3 = e, \ldots \rangle$,
2. $\langle Z_1 = z, E_1 = e', Z_2 = z, E_2 = e, Z_3 = z, E_3 = e', \ldots \rangle$

beginnen?

3.4 Weiterführende Literatur

An dieser Stelle sei nochmals auf die bereits am Ende des vorhergegangenen Kapitels erwähnten Arbeiten von Iosifescu und Theodorescu (1969) und von Sternberg (1963) verwiesen. Wer hinreichend mit mathematischen Formalismen vertraut und überdies der rumänischen Sprache mächtig ist, findet eine grundlegende Behandlung der allgemeinen Struktur stochastischer Lernmodelle bei Iosifescu, Tăutu und Theodorescu (1967).
Die in diesem Kapitel benutzten wahrscheinlichkeitstheoretischen Konzepte werden in den üblichen Büchern zur Wahrscheinlichkeitstheorie und Statistik (etwa Haagen und Pertler 1976) erläutert. Eine mathematisch grundlegendere Behandlung als dort oft üblich kann man etwa bei Bauer (1968) nachlesen.

4. Modelle für einfaches Paarlernen

Inhalt:

In diesem Kapitel werden die Grundannahmen einiger Modelle für einfaches Paarlernen vorgestellt, die in den dann folgenden Kapiteln als Beispiele für Ableitungstechniken benutzt werden.

4.1 Einfaches Paarlernen

Für die ersten Beispielmodelle in diesem Buch betrachten wir eine Klasse sehr einfacher Lernprozesse, die als ›*einfaches Paarlernen (paired-associate-learning)*‹ bezeichnet werden. Solche Prozesse sind dadurch gekennzeichnet, daß jeweils *eine Reaktion* an *eine bestimmte Situation* gekoppelt werden soll. Man kann beispielsweise an das Lernen einer Liste von Vokabeln denken, wobei die Wörter der eigenen Sprache des Lernenden als Situationen oder Reize und die der Fremdsprache als Reaktionen aufzufassen sind. Klassische Konditionierung ist ein anderes Feld, in dem Paarlernen zu finden ist. Für alle weiteren Aussagen zu diesem Thema sei vereinbart, daß die an einen bestimmten Reiz zu koppelnde Reaktion als die bei eben diesem Reiz ›*richtige*‹ *Reaktion* bezeichnet werden soll.
Die vorstehenden Angaben gelten für jede Form des Paarlernens. Wenn hier vom *einfachen* Paarlernen die Rede ist, so sollen damit noch einige zusätzliche Restriktionen unterstellt werden. Dazu gehört einmal, daß die Struktur von *Ähnlichkeiten* zwischen Reizen und/oder Reaktionen, die zu bestimmten Verwechslungs- und Generalisationsphänomenen führen, *vernachlässigt* werden können. Dies gestattet uns beispielsweise, das Lernen einer Liste von Vokabeln als Kombination unabhängiger *Lernprozesse für die einzelnen Wortpaare* aufzufassen. Jedes Modell für einfaches Paarlernen repräsentiert den Vorgang des Aufbaus *einer einzelnen Reiz-Reaktions-Kombination.* Mithin sind auch Phänomene von der Art der bekannten Positionseffekte beim Listen-Lernen durch solche Modelle nicht erfaßbar. Zusammengefaßt können wir festhalten,

> daß *einfaches Paarlernen* einen Prozeß bezeichnet, der durch *ein bestimmtes einzelnes Reiz-Reaktions-Paar* und den Aufbau einer Verbindung zwischen den Komponenten eben dieses Paares angebbar ist, wobei Effekte aufgrund der Interaktion mit anderen Paaren vernachlässigt werden.

Damit noch nicht genug der Vereinfachung! Wir nehmen zusätzlich an, daß gewissermaßen *auf jeder Stufe* des Lernprozesses die *gleiche* ›*Lernchance*‹ gegeben ist. Es soll also keinen Unterschied machen, ob etwa eine Person beim Abfragen einer Vokabel die richtige Antwort gibt und eine Bestätigung erhält, oder ob ihr nach Nennung einer falschen

Antwort die richtige mitgeteilt wird. Möglich ist auch, lediglich das Lesen oder Hören eines Wortpaares als Realisation einer Stufe des Lernprozesses aufzufassen. Präziser gesagt:

> Beim *einfachen Paarlernen* wird angenommen, daß alle *beobachtbaren Ereignisse* äquivalent sind; das heißt, daß unabhängig von beobachtbaren Komponenten auf jeder Stufe des Prozesses der gleiche Effekt mit gleicher Wahrscheinlichkeit eintreten kann.

Wichtig ist, daß wir nicht unterstellt haben, es trete in jedem Fall mit Sicherheit der gleiche Effekt ein. Die Möglichkeit verschiedener Modellereignisse, die jedoch nicht durch Beobachtung unterschieden werden können, ist also nicht ausgeschlossen.
Viele Leser mögen einwenden, daß derart simple Lernprozesse im Alltag ausgesprochen selten sein dürften, und daß nur extrem künstliche und realitätsferne Experimente solche Situationen angenähert realisieren können. Das ist sicherlich richtig. Andererseits können sich Theorien für komplexere Lernvorgänge derartiger Modelle als ›Bausteine‹ bedienen. Denken wir an einen so komplexen Vorgang wie das Einüben von Problemlösetechniken. Eine Theorie dafür könnte unter anderem annehmen, daß dabei das Ausprobieren bestimmter Lösungstechniken beim Vorliegen von Zwischenlösungen mit bestimmten Eigenschaften immer wahrscheinlicher wird. Für diesen einen speziellen Aspekt kann man dann auf ein Modell für einfaches Paarlernen zurückgreifen, wobei die betrachtete Klasse von Zwischenlösungen die Rolle eines (allerdings nicht beobachtbaren) ›Reizes‹ und das Probieren der entsprechenden Denkoperation jene der (wiederum nicht beobachtbaren) ›Reaktion‹ übernimmt. Ob das im konkreten Fall Sinn macht oder nicht, läßt sich sicherlich nur beurteilen, wenn man die Annahmen und die daraus abzuleitenden Eigenschaften der infragekommenden Modelle kennt. Eine hinreichende Vertrautheit mit Modellen für einfaches Paarlernen ist mithin auch für jene Leser von Nutzen, die an direkten experimentellen Approximationen einfacher Paarlern-Prozesse wenig interessiert sind.

4.2 Modelle mit zwei und drei Zuständen

Ein sehr simples Modell für einfaches Paarlernen ist unter der Bezeichnung ›*Alles-oder-Nichts-Modell*‹ (›all-or-none-model‹ oder auch ›one-element-model‹) bekannt geworden. Es kennt genau *zwei Elementarzustände.* Die Abkürzung ›C‹ kennzeichnet den Zustand, in dem das betrachtete Reiz-Reaktions-Paar gelernt ist (conditioned), während ›U‹ für einen Zustand steht, in dem Lernen noch nicht stattgefunden hat (unconditioned). Im *Zustand C* ist das *Lernen stets vollständig*, das heißt, daß in diesem Zustand die richtige Reaktion (+) mit Wahrscheinlichkeit ›1‹ erfolgt. Für den *Zustand U* wird angenommen, daß die Wahrscheinlichkeit einer richtigen Reaktion gleich einer konstanten ›*Ratewahrscheinlichkeit*‹ *g* ist.
Jeder Prozeß beginnt im Zustand U, es ist also

[4.2.1] $p(Z_1 = U) = 1.$

Aus diesem Grunde wollen wir U auch als den ›*Startzustand*‹ bezeichnen. Das Modell unterstellt weiterhin, daß innerhalb des betrachteten Prozesses kein Vergessen stattfindet. Wir können das auch so ausdrücken, daß lediglich ein Lernprozeß, aber kein Extinktionsprozeß repräsentiert wird. Das bedeutet, daß der Zustand C, wenn er einmal erreicht ist, nicht wieder verlassen wird. Einen Zustand mit dieser Eigenschaft nennt man einen ›*absorbierenden Zustand*‹. Formal kann man dies ausdrücken durch

[4.2.2] $p(Z_{i+1} = C | Z_i = C) = 1.$

Der gleiche Tatbestand kann in Operator-Schreibweise bezeichnet werden als

[4.2.3] $\quad {}_{e}Q(C)=C$ für alle $e \in E$,

wobei E für die Menge der Modellereignisse steht. Zu regeln ist nun lediglich noch der Übergang vom Zustand U zum Zustand C. Hierzu kann man zwei *Modellereignisse* unterscheiden, die nicht beobachtbar sind. ›a‹ kennzeichne ein Ereignis, bei dem alle Voraussetzungen erfüllt sind, um das Reiz-Reaktions-Paar vollständig zu lernen. Entsprechend stehe ›b‹ für das Ereignis, bei dem diese Voraussetzungen nicht erfüllt sind. Da C absorbierend ist, ist es für einen Prozeß in C gleichgültig, welches Modellereignis eintritt. Bei U dagegen möge a einen Übergang nach C bewirken, b dagegen nicht. Damit ist das vollständige *System der Operatoren:*

[4.2.4] $\quad {}_{a}Q(U)=C, \quad {}_{b}Q(U)=U,$
$\quad {}_{a}Q(C)={}_{b}Q(C)=C.$

Für das Modellereignis a nehmen wir nun noch eine konstante Auftretenswahrscheinlichkeit c an, die vom gegebenen Zustand unabhängig sein möge.

[4.2.5] $\quad p(a|U)=p(a|C)=p(a)=c.$

Diese Darstellung des Alles-oder-Nichts-Modells mag dem einen oder anderen Leser etwas umständlich erscheinen. Sie ist es auch in der Tat. Gezeigt werden sollte lediglich, wie die in den beiden vorausgegangenen Kapiteln eingeführten Konzepte bei einem speziellen Modell konkretisiert werden können. Wir werden nun zu einer einfacheren Darstellung übergehen.

Betrachten wir die Menge der Zustände. Da die Menge der Zustände endlich ist, können wir hierzu *Übergangswahrscheinlichkeiten* angeben, die in Form einer Matrix darstellbar sind. Zeilen und Spalten sind den Elementarzuständen zugeordnet; die Angabe in einer Zelle bezeichnet die Wahrscheinlichkeit, mit der auf der nächsten Stufe des Lernprozesses der spaltenkennzeichnende Zustand vorliegt, sofern der zeilenkennzeichnende auf der derzeitigen Stufe gegeben ist. In [4.2.2] haben wir bereits angegeben, daß die Wahrscheinlichkeit eines Überganges von C nach C (also eines Verbleibens in C) gleich ›1‹ ist. Damit muß die Wahrscheinlichkeit für einen Wechsel von C nach U ›0‹ sein. Ein Übergang von U nach C findet immer dann statt, wenn Modellereignis a eintritt. Da dies mit Wahrscheinlichkeit c geschieht, ist dies zugleich die Wahrscheinlichkeit eines Überganges von U nach C. Damit bleibt für den Übergang von U nach U (für das Verbleiben in U) die Gegenwahrscheinlichkeit (1 − c). Die *Übergangsmatrix* hat mithin folgende Form:

[4.2.6]

	C	U
C	1	0
U	c	(1 − c)

Von den Zuständen hängen lediglich die *Reaktionswahrscheinlichkeiten* ab, jedoch keine Wahrscheinlichkeiten irgendwelcher sonstiger Ereigniskomponenten. Daher genügt die zusätzliche Angabe eben dieser Reaktionswahrscheinlichkeiten

[4.2.7] $\quad p(+|C)=1,$
$\quad p(+|U)=g,$

wobei ›+‹ eine richtige Reaktion kennzeichnet. [4.2.6] und [4.2.7] kennzeichnen das ›Alles-oder-Nichts-Modell‹ vollständig und stellen die wohl einfachste Beschreibung dieses Modells dar. Allerdings muß hier darauf hingewiesen werden, daß nicht jedes Lernmodell lediglich durch eine Übergangsmatrix und einen Satz von Reaktionswahrscheinlichkeiten angebbar ist. Die Existenz von Übergangsmatrizen setzt endlich viele Zustände voraus, die Existenz nur *einer* solchen Matrix zusätzlich die Äquivalenz aller beobachtbaren Ereignisse. Die Möglichkeit der einfachen Modelldarstellung durch [4.2.6] und [4.2.7] kann also nicht auf alle stochastischen Lernmodelle verallgemeinert werden.

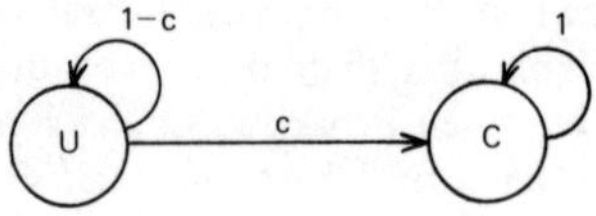

Abb. 4.1: Zustandsprozeß des Alles-oder-Nichts-Modells. Kreise repräsentieren die Elementarzustände, Pfeile die möglichen Übergänge und Angaben an den Pfeilen die Übergangswahrscheinlichkeiten.

In Abbildung 4.1 haben wir den Zustandsprozeß des Alles-oder-Nichts-Modells graphisch dargestellt. Die Kreise kennzeichnen die beiden Zustände, die Pfeile mögliche Übergänge beim Fortschreiten von einer Stufe des Lernprozesses zur jeweils nächsten. Die Angaben an den Pfeilen sind die zugeordneten Übergangswahrscheinlichkeiten.

Eine interessante Idee zur Kontrolle des Modells stammt von Suppes und Ginsberg (1963). Beim letzten Fehler ist der Prozeß mit Sicherheit noch im Zustand U. Liegen nun Lerndaten von verschiedenen Versuchspersonen und/oder verschiedenen Reiz-Reaktions-Kombinationen vor, so kann man eine empirische Lernkurve konstruieren, bei der auf der Ordinate relative Häufigkeiten richtiger Antworten und auf der Abszisse der Prozentrang der laufenden Nummer eines Einzelversuches vor dem letzten Fehler bezogen auf die Nummer des letzten Fehlers in eben diesem Lernprozeß angegeben wird. Es wird dabei gewissermaßen jede individuelle Lernkurve so gestreckt oder gestaucht, daß die Zahl aller Versuche bis zum letzten Fehler die Einheit auf der Zeitachse bildet. Danach werden die individuellen Daten zusammengefaßt. Solche Lernkurven bezeichnet man auch als ›*Vincent-Kurven*‹. Da vor dem letzten Fehler (in U) für jeden individuellen Prozeß eine konstante Ratewahrscheinlichkeit angenommen wird, müßte bei Vincentisierung auch die mittlere Lernkurve über mehrere Prozesse eine Konstante darstellen. Das ist aber nach den Daten von Suppes und Ginsberg (1963) nicht der Fall.

Die genannten Autoren schlugen daher ein modifiziertes Modell vor, das außer dem Startzustand U und dem absorbierenden Zustand C noch einen ›Zwischenzustand‹ Z kennt, in dem ebenfalls eine Ratewahrscheinlichkeit gegeben ist; jedoch eine andere als in U. Dieser Ansatz ist ein ›*2-Elemente-Modell*‹ mit der Übergangsmatrix

[4.2.8]

	C	Z	U
C	1	0	0
Z	b	(1−b)	0
U	0	a	(1−a)

und den Wahrscheinlichkeiten für eine richtige Reaktion

[4.2.9] $p(+|C)=1,$
$p(+|Z)=g',$
$p(+|U)=g.$

Die Begründung für den Namen des Modells werden wir in einem späteren Kapitel zeigen, in dem die Familie der ›Reizstichproben-Modelle‹ vorgestellt wird, zu der dieser

Ansatz gehört. Eine graphische Darstellung des Zustandsprozesses dieses Modells zeigt Abbildung 4.2.

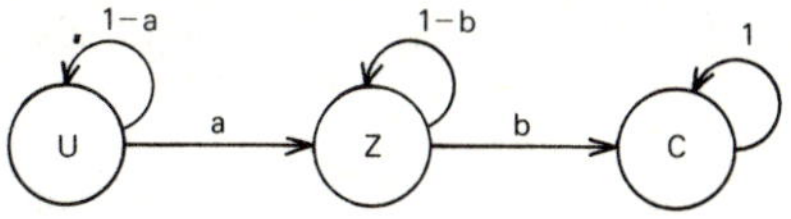

Abb. 4.2: Zustandsprozeß des 2-Elemente-Modells. Kreise repräsentieren die Elementarzustände, Pfeile die möglichen Übergänge und Angaben an den Pfeilen die Übergangswahrscheinlichkeiten.

Man kann nun nach einer allgemeinen Darstellung suchen, in der sich nicht nur die beiden vorgestellten Modelle, sondern auch noch einige andere Ansätze mit maximal 3 Zuständen (etwa das L-S-Modell nach Atkinson und Crothers 1964) als Sonderfälle darstellen lassen. Eine solche Darstellung ist in der nun folgenden Zusammenfassung angegeben.

4.A Verschiedene Modelle zum einfachen Paarlernen sind darstellbar durch drei Zustände U, Z und C mit folgender *Übergangsmatrix*

	C	Z	U
C	1	0	0
Z	w	1 − w	0
U	u(1 − v)	uv	1 − u

und den *Wahrscheinlichkeiten für richtige Reaktionen*

$$p(+|U)=g,\ p(+|Z)=g',\ p(+|C)=1.$$

4.B Bei den beiden folgenden Modellen ist U der *Startzustand:*
1. ›Alles-oder-Nichts-Modell‹ (mit v = 0; damit entfällt Zustand Z),
2. ›2-Elemente-Modell‹ (mit v = 1; damit ist ein direkter Übergang von U nach C ohne mindestens eine dazwischenliegende Stufe in Z unmöglich).

V=1 für [4.2.8] Ableitung?

4.3 Lineares Modell mit einem Operator

Wir werden nun ein weiteres Modell für einfaches Paarlernen vorstellen, das sich in vielen Punkten von den bisher besprochenen Ansätzen unterscheidet. Zum einen wird unterstellt, daß auf *jeder Stufe eines Lernprozesses* eine *Zustandsänderung* stattfindet. Es erfolgt also eine schrittweise Veränderung, ein *›graduelles Lernen‹*. Der nächste Unterschied liegt darin, daß diese schrittweise Veränderung durch nur *einen Operator* angebbar ist. Das Modell bietet keinen Raum für unterschiedliche Modellereignisse mit bestimmten Auftretenswahrscheinlichkeiten; es kennt nur *ein Modellereignis*. Da zumindest theoretisch ein Lernprozeß über beliebig viele Stufen – also beliebig lange – laufen kann, und da stets wieder eine Zustandsänderung anzusetzen ist, muß die *Menge der Zustände unendlich* sein. Schließlich und endlich setzen wir noch die Menge der *Elementarzustände gleich* der Menge der *Wahrscheinlichkeiten richtiger Reaktionen;* wir nehmen also an, die Reaktionswahrscheinlichkeit kennzeichne einen Zustand vollständig und es sei zur Vorhersage des weiteren Verlaufs keine zusätzliche Information nötig.

Die Darstellung eines Modells dieser Art ist sehr simpel. Wir können den Zustandsbegriff vorübergehend vergessen und direkt die Veränderung der Wahrscheinlichkeit einer richtigen Reaktion beim Übergang von einer Lernstufe zur nächsten betrachten. Diese muß durch einen einzigen Operator Q beschreibbar sein; es gilt also

[4.3.1] $$p_{i+1} = Q(p_i).$$

Damit bleibt nur noch die Frage, welche Form der Operator Q besitzt. Man kann zunächst davon ausgehen, daß jeder Operator, der eine Wahrscheinlichkeit in eine andere überführt, als Ausdruck der Form

[4.3.2] $$a_0 + a_1 p_i + a_2 p_i^2 + a_3 p_i^3 + \ldots$$

dargestellt werden kann. Nimmt man an, daß der Übergang approximativ durch die ersten zwei Glieder eines solchen Ausdrucks hinreichend genau erfaßt wird, so ist die Wahrscheinlichkeitsänderung beim Wechsel von einer Lernstufe zur nächsten als

[4.3.3] $$p_{i+1} = A + B p_i$$

anzugeben. Da dies eine lineare Funktion ist, bezeichnet man ein solches Modell auch als *›lineares Modell‹* oder als *›Modell mit linearem Operator‹*.

Die vorgestellte Begründung für die Wahl eines linearen Operators, die dessen Einfachheit und mögliche approximative Brauchbarkeit betont, mag nicht sehr überzeugend erscheinen. In Kapitel 8.2 werden wir zeigen, daß bei komplexeren Lernprozessen mit mehr als zwei Reaktionen eine andere wesentlich plausiblere Begründung für die Wahl linearer Operatoren gegeben werden kann. Wir fragen nun zunächst nach einer anderen Darstellung des in [4.3.3] allgemein angegebenen Operators. Zunächst ist zu bedenken, daß p als Wahrscheinlichkeit stets mindestens gleich 0 sein muß und höchstens gleich 1 sein darf. Es muß also gelten:

[4.3.4] $$1 \geq A + B p_i \geq 0.$$

Dies muß natürlich auch für den kleinstmöglichen Wert von p_i, also für $p_i = 0$ gelten. Daraus folgt direkt:

[4.3.5] $$1 \geq A \geq 0.$$

Unter ›Lernen‹ verstehen wir im allgemeinen die Erhöhung der Wahrscheinlichkeit einer richtigen Reaktion. Dies bedeutet:

[4.3.6] $$A + B p_i \geq p_i$$
$$A \geq p_i (1 - B).$$

Da dies auch bei maximalem $p_i = 1$ erfüllt sein muß, folgt:

[4.3.7] $$A \geq 1 - B \quad \text{bzw.} \quad A + B \geq 1.$$

Schließlich und endlich darf die Anwendung des Operators nie einen Wert größer als 1 ergeben, das heißt:

[4.3.8] $$A + B p_i \leq 1,$$

und für maximales $p_i = 1$

[4.3.9] $$A + B \leq 1.$$

[4.3.7] und [4.3.9] ergeben zusammengefaßt die Forderung

[4.3.10] $$A + B = 1 \quad \text{bzw.} \quad A = 1 - B.$$

Einer weit verbreiteten Schreibweise entsprechend setzen wir statt B den Buchstaben α und erhalten so den *Operator*

[4.3.11] $p_{i+1} = \alpha p_i + (1-\alpha)$.
mit $0 \leq \alpha \leq 1$.

Beim Versuch direkter empirischer Überprüfungen der hier angesprochenen Modelle schneidet das lineare Modell in den meisten Fällen recht schlecht ab. Es wäre jedoch falsch, die Brauchbarkeit des Modells nur unter dem Gesichtspunkt der Güte der Anpassung empirischer Daten zu betrachten. Ein Problem aller empirischen Modellkontrollen ist, daß diese meistens von Daten aus mehreren Lernprozessen ausgehen und dabei unterstellen, alle Größen des jeweiligen Modells seien bei allen untersuchten Personen und/oder Reiz-Reaktions-Kombinationen gleich. Diese ›*assumption of identical subjects*‹ ist jedoch sicher bestenfalls angenähert richtig. Alle anderen bisher vorgestellten und auch die noch folgenden Modelle zum einfachen Paarlernen sehen für jede außer der ersten Stufe des Lernprozesses mehrere verschiedene Wahrscheinlichkeiten richtiger Reaktionen (je nach gegebenem Zustand) vor, die ihrerseits wieder mit unterschiedlichen Wahrscheinlichkeiten auftreten. Nur beim linearen Modell sind die Modellfunktionen für alle individuellen Lernprozesse bei gleichen Modellgrößen exakt gleich. Damit erlaubt das lineare Modell eine geringere Varianz empirischer Daten um die aus dem Modell ableitbaren Erwartungswerte. Seine schlechtere Anpassung an Daten aus mehreren Einzelprozessen ist also möglicherweise ein Indikator für größere Sensitivität gegenüber interindividuellen Unterschieden in den Kennwerten. Dies indiziert geradezu den Einsatz dieses Modells bei Fragestellungen, bei denen unterschiedliche Lerngeschwindigkeiten und/oder Ausgangsleistungen erfaßt werden sollen.

4.4 Kombinationen des Alles-oder-Nichts- und des linearen Ansatzes

Es gibt verschiedene Möglichkeiten, das lineare Modell so zu modifizieren, daß sich auch hier unterschiedliche individuelle Lernkurven ergeben. Man kann die Anfangswahrscheinlichkeit g und/oder den Lernparameter α als Zufallsvariablen mit bestimmten Verteilungen auffassen, und damit sowohl Variation dieser Größen zwischen als auch (zumindest bei α) innerhalb einzelner Prozesse einführen. Wir wollen diese Varianten nicht näher betrachten und uns stattdessen zwei Ansätzen von Norman (1964a, 1964b) zuwenden, die auf interessante Weise den Grundgedanken des linearen Modells mit jenem des Alles-oder-Nichts-Prinzips kombinieren.

In seinem ›*2-Phasen-Modell*‹ nimmt Norman (1964a) an, daß beim Beginn eines Lernprozesses zunächst eine Wahrscheinlichkeit g für das Auftreten einer richtigen Reaktion vorliegt. Solange g gegeben ist, bleibt dieser Wert mit einer Wahrscheinlichkeit von $(1-c)$ erhalten. Mit Wahrscheinlichkeit c ist dagegen der lineare Operator [4.4.11] anzuwenden. Ist g erst einmal verlassen, so läuft der Prozeß entsprechend den Annahmen des linearen Modells weiter.

Die *erste Phase* eines Lernprozesses im 2-Phasen-Modell entspricht dem Zustand U beim Alles-oder-Nichts-Modell. Eine richtige Reaktion erfolgt mit konstanter Wahrscheinlichkeit g, der Zustand wird mit Wahrscheinlichkeit $1-c$ beibehalten. Ist diese Phase einmal verlassen, dann folgt der weitere Verlauf in der *zweiten Phase* den Annahmen des linearen Modells.

Anders ist es dagegen bei dem zweiten Modell Normal's (1964b), das als ›*random-trial-increment-model*‹ bzw. ›*RTI-Modell*‹ bekannt geworden ist. Hier ist bei jeder beliebigen Stufe des Lernprozesses mit konstanter Wahrscheinlichkeit c der lineare Operator aus [4.4.11] anzuwenden, während mit Wahrscheinlichkeit $1-c$ die gegebene Reaktionswahrscheinlichkeit unverändert bleibt. *Wahrscheinlichkeitszuwächse* finden also nur auf *zufällig ausgewählten Stufen* statt. Der im Alles-oder-Nichts-Modell enthaltene Gedanke, daß auf einer Stufe eines Lernprozesses mit einer bestimmten Wahrscheinlichkeit keine Zustandsänderung stattfindet, ist hier kombiniert mit der im linearen Modell enthaltenen Vorstellung schrittweiser Wahrscheinlichkeitsänderungen. Setzt man die Wahrscheinlichkeit einer Zustandsänderung c gleich Eins, dann resultiert das lineare Modell als Spezialfall. Ist α gleich Null, dann findet bereits bei der ersten Anwendung des linearen Operators vollständiges Lernen statt und wir erhalten das Alles-oder-Nichts-Modell. In der Entwicklung stochastischer Lernmodelle nimmt das RTI-Modell eine besondere Stellung ein, da es die oft diskutierte Dichotomie zwischen Alles-oder-Nichts-Lernen einerseits und graduellem Lernen andererseits durch eine Darstellung aufhebt, in der beide Möglichkeiten als Extremfälle repräsentierbar sind.

Eine *allgemeine Darstellung* des linearen Modells und der beiden Norman-Modelle bedient sich am einfachsten der Operatoren-Notation unter Hinzufügung von zwei nicht-beobachtbaren Modellereignissen a und b. Ereignis a möge unabhängig vom gegebenen Zustand mit Wahrscheinlichkeit c eintreten. Wir benötigen mithin zwei Operatoren. Für die Reaktionswahrscheinlichkeiten gilt in jedem Fall:

[4.4.1] $$p_{n+1} = {}_aQ(p_n), \quad \text{sofern} \quad E_n = a,$$
$$p_{n+1} = {}_bQ(p_n), \quad \text{sofern} \quad E_n = b.$$

Wir erhalten damit:

4.C *Lineares Modell und Norman-Modelle* sind darstellbar durch
eine *Startwahrscheinlichkeit* $p_1 = g$,
zwei *nicht-beobachtbare Ereignisse* a und b mit

$$p(a) = c \quad \text{und} \quad p(b) = 1-c$$

unabhängig vom gegebenen Zustand,
zwei *Operatoren*

$${}_aQ(p) \quad \text{und} \quad {}_bQ(p).$$

4.D Beim *linearen Modell* ist

$${}_aQ(p) = {}_bQ(p) = \alpha p + (1-\alpha).$$

4.E Beim *2-Phasen-Modell* ist

$${}_aQ(p) = \alpha p + (1-\alpha),$$

$${}_bQ(p) = \begin{cases} p & \text{für } p = g, \\ \alpha p + (1-\alpha) & \text{für } p \neq g. \end{cases}$$

4.F Beim *RTI-Modell* ist

$${}_aQ(p) = \alpha p + (1-\alpha),$$
$${}_bQ(p) = p.$$

4.5 Fragen

1. Das ›Alles-oder-Nichts-Modell‹ möge dahingehend verändert werden, daß auch ›Vergessen‹ möglich wird. Wir führen dazu ein nicht beobachtbares Ereignis ein, das im Zustand U

nie und im Zustand C mit Wahrscheinlichkeit d eintritt. Dies Ereignis möge zu einem Übergang von C nach U führen. Geben Sie bitte dazu die Übergangsmatrix für die Zustände an.
2. Ist das in Frage 1 eingeführte Modell als Sonderfall des ›2-Elemente-Modells‹ darstellbar? Bitte begründen Sie Ihre Antwort.
3. Zeigen Sie bitte, ob (und wenn ja: wie) das ›Alles-oder-Nichts-Modell‹ als Sonderfall des ›2-Phasen-Modells‹ und/oder des ›RTI-Modells‹ darstellbar ist.

4.6 Weiterführende Literatur

Kapitel mit den hier vorgestellten und weiteren Modellen für einfaches Paarlernen sind in Einführungs- und Handbüchern der mathematischen Psychologie zu finden, so bei Greeno (1968a), Restle und Greeno (1970), Coombs, Dawes und Tversky (1970), Greeno (1974a) und Deppe (1976). Atkinson, Bower und Crothers behandeln Modelle dieser Art im dritten Kapitel ihrer »Einführung in die Mathematische Lerntheorie« (Atkinson, Bower und Crothers 1965, S. 75–134).
In einer Vielzahl von Arbeiten werden Einzelmodelle vorgestellt und verglichen, die teilweise einfaches Paarlernen zu repräsentieren gestatten, teilweise jedoch bei ähnlicher Modellstruktur auch für die Beschreibung komplexerer Lernprozesse geeignet sind. Hier sind unter anderem zu erwähnen: Bower (1961), Bower und Theios (1964), Millward (1964), Greeno (1967), Batchelder (1970), Humphreys und Greeno (1970). Einige Arbeiten beschäftigen sich mit Modellen für spezifische Prozesse und Phänomene wie Unterscheidungslernen (Humphreys, Allen und Estes 1968, Massaro 1967, Massaro 1969), Vergessen (Bernbach 1965, Kintsch 1966), Effekte der Listenlänge beim Paarlernen (Calfee und Atkinson 1965), ›Verbal Mediating‹ (Norman und Levin 1972). Suppes, Groen und Schlag-Rey (1966) geben ein Beispiel für ein Modell, das sowohl Aussagen über Reaktionswahrscheinlichkeiten als auch über Latenzzeiten gestattet.
Mit der empirischen Kontrolle des Alles-oder-Nichts-Prinzips beschäftigen sich Nahinsky und Mueller (1968). Eine einfache Idee zur direkten Überprüfung dieses Prinzips findet man bei Rock (1957; siehe dazu auch Rock und Heimer 1959). Man beachte dazu allerdings die Einwände von Postman (1963) und von Underwood und Keppel (1962), die bei Restle und Greeno (1970) beginnend auf Seite 54 zusammenfassend dargestellt werden. Vergleiche zwischen dem Alles-oder-Nichts-Ansatz und einem Zustandskontinuum entsprechend dem linearen Modell bieten Davenport und Halford (1967), Denig (1969) und Richardson (1970). Varianten des Alles-oder-Nichts-Modells behandeln Polson und Greeno (1969). Über das ›2-Phasen-Modell‹ und das ›RTI-Modell‹ informieren am besten die Originalarbeiten von Norman (1964a, 1964b).
Ein ausgezeichnetes Beispiel für den empirischen Vergleich verschiedener Modelle, der neben anderen alle in diesem Kapitel vorgestellten Modellansätze enthält, liefern Atkinson und Crothers (1964). Wer an Anwendungen dieser und ähnlicher Modellansätze auf sozialpsychologische Fragestellungen interessiert ist, sei auf Binder, Wolin und Terebinski (1966) und auf Deppe (1974) verwiesen. Einen Einblick in die Möglichkeiten der Benutzung des Alles-oder-Nichts-Ansatzes als Baustein bei der Entwicklung komplexerer Theorien vermittelt Bjork (1968).
Alle angegebenen Arbeiten enthalten neben den jeweiligen Modellannahmen auch darauf basierende Ableitungen und Analysen. Sie sind daher nur für jenen Leser voll verständlich, der etwa anhand der drei folgenden Kapitel Grundkenntnisse über zumindest einige Ableitungstechniken erworben hat. An dieser Stelle sollte man sich daher bei der weiterführenden Lektüre zunächst auf eine Beschäftigung mit den Ausgangsannahmen in einigen ausgewählten Arbeiten begnügen.

5. Ableitung der mittleren Lernkurve

Inhalt:

Bei der Arbeit mit stochastischen Lernmodellen spielt die Bestimmung der mittleren Lernkurve häufig eine bedeutende Rolle. Am Beispiel der in Kapitel 4 vorgestellten Modelle wird gezeigt, wie solche Ableitungen verlaufen. Dabei werden exemplarisch oft benutzte Techniken vorgeführt.

5.1 Zustandswahrscheinlichkeiten bei endlichem Zustandsraum

Lernkurven zeigen die Abhängigkeit eines geeigneten Lernmaßes von der laufenden Nummer einer Stufe im Lernprozeß. Bei Prozessen der in Kapitel 4 behandelten Art ist die *relative Häufigkeit einer richtigen Reaktion* ein angemessenes *Lernmaß*, da die Modelle über die zugehörige Wahrscheinlichkeit Aussagen zulassen. Wir können uns nun vorstellen, ein Prozeß, der nach Maßgabe der Annahmen eines dieser Modelle mit bestimmten festen Modellgrößen ablaufe, werde beliebig oft wiederholt. Wir erhalten dann – außer beim linearen Modell – unterschiedliche individuelle Verläufe mit entsprechenden Auftretenswahrscheinlichkeiten. Mitteln wir die Reaktionswahrscheinlichkeiten für jede Stufe über alle individuellen Prozesse, so erhalten wir jeweils einen Erwartungswert für die Wahrscheinlichkeit einer richtigen Reaktion, der von nun an mit p_n bezeichnet werden soll.

Eine *mittlere Lernkurve* beschreibt die p_n in Abhängigkeit von der laufenden Nummer der Lernstufe n, wobei p_n den Erwartungswert für die Wahrscheinlichkeit einer richtigen Reaktion auf Stufe n über alle individuellen Prozesse mit gleichen Modellgrößen bezeichnet.

Zur Ableitung einer solchen mittleren Lernkurve ist es bei Modellen mit endlicher Anzahl von Elementarzuständen sinnvoll, zunächst nach den *Wahrscheinlichkeiten der einzelnen Zustände* in Abhängigkeit von n zu fragen. Auf Seite 33 haben wir in Kapitel 4 angegeben, daß alle dort behandelten Modelle mit endlichem Zustandsraum als Spezialfälle eines allgemeinen Modells mit drei Zuständen U, Z und C mit der Übergangsmatrix

[5.1.1]

	C	Z	U
C	1	0	0
Z	w	1 − w	0
U	u(1 − v)	uv	1 − u

und mit den Wahrscheinlichkeiten für richtige Reaktionen

[5.1.2] $$p(+|C)=1,\quad p(+|Z)=g',\quad p(+|U)=g$$

darstellbar sind. Wir führen für die Zustandswahrscheinlichkeiten auf den einzelnen Lernstufen eine vereinfachte Notation ein und schreiben

$$p_n(C) \text{ statt } p(Z_n=C),$$
$$p_n(Z) \text{ statt } p(Z_n=Z),$$
$$p_n(U) \text{ statt } p(Z_n=U).$$

Richtige Reaktionen sind jeweils in allen drei Zuständen möglich, falsche dagegen nur in U und Z. Dies legt nahe, statt der gesuchten p_n zunächst eine Bestimmung der mittleren *Wahrscheinlichkeiten falscher Reaktionen*

[5.1.3] $$q_n=1-p_n$$

anzustreben, da dies voraussichtlich einen geringeren Arbeitsaufwand mit sich bringt. Derartige Ökonomie-Überlegungen können das Leben mit formalen Ableitungen oft beträchtlich erleichtern.

Da die Reaktionen nur vom gegebenen Zustand abhängen, erhalten wir zunächst:

[5.1.4] $$q_n=p_n(U)\,p(-|U)+p_n(Z)\,p(-|Z)=(1-g)\,p_n(U)+(1-g')\,p_n(Z).$$

Der erste Summand auf der rechten Seite gibt die Wahrscheinlichkeit eines Fehlers im Zustand U, der zweite die eines Fehlers im Zustand Z. Aus Gleichung [5.1.4] können wir entnehmen, daß zunächst die Zustandswahrscheinlichkeiten $p_n(U)$ und $p_n(Z)$ abzuleiten sind.

Zustand U ist auf der (n+1)-ten Stufe nur möglich, wenn er auch auf der n-ten Stufe gegeben war. Die Wahrscheinlichkeit für U auf der (n+1)-ten Stufe ist damit gleich der Wahrscheinlichkeit auf der vorausgegangenen Stufe n multipliziert mit jener eines Verbleibs in U, die nach der Matrix [5.1.1] mit (1−u) anzusetzen ist. Damit ist

[5.1.5] $$p_{n+1}(U)=(1-u)\,p_n(U).$$

Der Ausdruck [5.1.5] gestattet die Berechnung von p_{n+1} bei bekanntem p_n. Solche sogenannten ›*rekursiven Formeln*‹ kommen bei der Arbeit mit Lernmodellen recht häufig vor. Bei Levine und Burke (1972, S. 65 ff.) ist ein allgemeines Verfahren angegeben, mit dem sich derartige Ausdrücke behandeln lassen. Handlicher ist jedoch in vielen Fällen ein einfacheres Arbeitsprinzip, das zunächst eine Vermutung über die Darstellung der allgemeinen Formel aufstellt und dann die Richtigkeit dieser Vermutung exakt beweist.

Aus den Ausgangsannahmen unseres Modells folgt, daß auf der ersten Stufe mit Sicherheit Zustand U vorliegt. Es ist also

$$p_1(U)=1.$$

Wir können nun hiervon ausgehend durch mehrfache Anwendung von [5.1.5] einige $p_n(U)$ berechnen und erhalten die Folge:

[5.1.6] $$\begin{aligned} &p_1(U)=1,\\ &p_2(U)=(1-u)\,p_1(U)=(1-u),\\ &p_3(U)=(1-u)\,p_2(U)=(1-u)^2,\\ &p_4(U)=(1-u)\,p_3(U)=(1-u)^3,\ldots \end{aligned}$$

Diese Folge führt auf die *Vermutung:*

[5.1.7] $$p_n(U)=(1-u)^{n-1}.$$

Wir schließen nun einen *Beweis durch vollständige Induktion* an. Dazu benutzen wir eine Eigenschaft der natürlichen Zahlen, die besagt:

> Ist eine Aussage für irgendeine natürliche Zahl a richtig, und folgt aus der Richtigkeit dieser Aussage für ein beliebiges n die Gültigkeit für k=n+1, so ist die Aussage für alle $i \geq a$ richtig.

Diese Eigenschaft dürfte direkt einleuchten. Wenn aus der Richtigkeit für n allgemein die für n+1 folgt, dann folgt aus der Richtigkeit für a jene für a+1, aus dieser wieder jene für a+2, daraus die für a+3 und so weiter.

Als Anfangswert wählen wir a=1. Einsetzen in unsere Vermutung [5.1.7] ergibt

[5.1.8] $$p_1(U)=(1-u)^0=1.$$

Das ist nach der Modellaussage, derzufolge jeder Prozeß in U startet, sicher richtig. Es sei nun k=n+1. Setzen wir in [5.1.5] unsere Vermutung [5.1.7] ein, dann erhalten wir:

[5.1.9] $$p_k(U)=p_{n+1}(U)=(1-u)\,p_n(U)=(1-u)(1-u)^{n-1}=(1-u)^n=(1-u)^{k-1}.$$

Damit ist gezeigt, daß aus der Richtigkeit von [5.1.7] für beliebiges n jene für k=n+1 folgt. Der Beweis durch vollständige Induktion ist abgeschlossen, Formel [5.1.7] ist richtig für alle $n \geq 1$.

Wir haben diesen Prozeß so ausführlich dargestellt, weil er in der Tat eine sehr oft benutzte Ableitungs- und Beweistechnik darstellt, die jeder beherrschen sollte, der eigene Deduktionen aus Lernmodellen anstrebt oder auch nur Ableitungen in der Literatur nachvollziehbar verstehen möchte.

Unser nächstes Problem ist nun die *Zustandswahrscheinlichkeit von Z.* Z kann beim (n+1)-ten Versuch zustandekommen durch ein Verbleiben in Z, sofern dies beim n-ten Versuch bereits vorlag, oder durch einen Übergang von U nach Z, sofern auf Stufe n U gegeben war. Damit ist

[5.1.10] $$p_{n+1}(Z) = p(Z_{n+1} = Z | Z_n = Z)\, p_n(Z) + p(Z_{n+1} = Z | Z_n = U)\, p_n(U).$$

Wir setzen zunächst die Übergangswahrscheinlichkeiten aus der Matrix [5.1.1] ein und erhalten:

[5.1.11] $$p_{n+1}(Z) = (1-w)\, p_n(Z) + uv\, p_n(U).$$

Nun wird für $p_n(U)$ der bereits bewiesene Ausdruck [5.1.7] eingesetzt. Damit ergibt sich die rekursive Formel

[5.1.12] $$p_{n+1}(Z) = (1-w)\, p_n(Z) + uv(1-u)^{n-1}.$$

Da der Lernprozeß nach Modellannahme in U und nicht in Z beginnt, ist $p_1(Z) = 0$. Wir wiederholen das bereits für $p_n(U)$ durchgespielten Verfahren, und wenden zunächst [5.1.12] einige Male hintereinander an. Dies führt auf die Vermutung:

[5.1.13] $$p_n(Z) = uv(1-w)^{n-2} \sum_{i=0}^{n-2} \left(\frac{1-u}{1-w}\right)^i.$$

Wir verzichten hier auf den Beweis dieser Vermutung durch vollständige Induktion. Da Potenzsummen von der Art der Summe ganz rechts in [5.1.13] bei Ableitungen aus Lernmodellen recht häufig auftreten, sei deren Behandlung hier kurz skizziert. Gesucht sei die explizite Darstellung eines Ausdrucks der Form

$$S = \sum_{i=0}^{m} x^i.$$

Wir schreiben die Summe zunächst etwas ausführlicher als

$$S = 1 + x^1 + x^2 + x^3 + \ldots + x^m.$$

Multiplizieren wir diesen Ausdruck mit x, dann erhalten wir

$$Sx = x^1 + x^2 + x^3 + \ldots + x^m + x^{m+1}.$$

Als Differenz dieser beiden Summen ergibt sich

$$S - Sx = S(1-x) = 1 - x^{m+1}$$

und nach elementarer Umformung

$$S = \frac{1-x^{m+1}}{1-x}.$$

Diese Art des Vorgehens, angewandt auf die ganz rechts stehende Summe in [5.1.13], erbringt den Ausdruck

[5.1.14] $$p_n(Z) = uv(1-w)^{n-2} \frac{1 - \left(\dfrac{1-u}{1-w}\right)^{n-1}}{1 - \dfrac{1-u}{1-w}}.$$

Durch elementare Umformungen läßt sich dies vereinfachen zu

[5.1.15] $$p_n(Z) = \frac{uv}{(u-w)}[(1-w)^{n-1}-(1-u)^{n-1}].$$

Diese Formel enthält einen Faktor, bei dem durch $(u-w)$ dividiert wird. Der Ausdruck ist mithin unbestimmt, sofern $u=w$ ist. In diesem Spezialfall enthält die Summe ganz rechts in [5.1.13] lediglich die $(n-1)$-malige Addition einer Eins und nimmt so den Wert $(n-1)$ an. Es ist also

[5.1.16] $$p_n(Z)=uv(n-1)(1-w)^{n-2}$$
für $u=w$.

5.2 Mittlere Lernkurve bei endlichem Zustandsraum

Nach der in 5.1 geleisteten Vorarbeit ist die Darstellung der mittleren Lernkurve bei den vorgestellten Modellen mit endlichem Zustandsraum recht einfach. Wir suchen zunächst die *mittleren Wahrscheinlichkeiten falscher Reaktionen* q_n. Dazu können wir die bereits abgeleiteten Zustandswahrscheinlichkeiten direkt in [5.1.4] einsetzen und erhalten:

[5.2.1] $$q_n=(1-g)(1-u)^{n-1}+(1-g')\frac{uv}{u-w}[(1-w)^{n-1}-(1-u)^{n-1}]$$
für $u \neq w$,
$$q_n=(1-g)(1-u)^{n-1}+(1-g')uv(n-1)(1-w)^{n-2}$$
für $u=w$.

Beim *Alles-oder-Nichts-Modell* ist ein Zwischenzustand Z nicht vorgesehen. Die beim allgemeinen Ansatz eingeführte Wahrscheinlichkeit für den Übergang vom Startzustand in den Zwischenzustand uv muß damit gleich Null gesetzt werden. Somit wird der zweite Summand in beiden Formen von [5.2.1] gleich Null. $(1-u)$ ist in der allgemeinen Darstellung die Wahrscheinlichkeit eines Verbleibens im Startzustand, die beim Alles-oder-Nichts-Modell mit $(1-c)$ bezeichnet wurde. Wir erhalten so:

[5.2.2] $$q_n=(1-g)(1-c)^{n-1}.$$

Wenden wir uns nun dem *2-Elemente-Modell* zu. Ein direkter Übergang vom Startzustand zum absorbierenden Endzustand ist ausgeschlossen; $u(1-v)$ muß also Null werden. Dieses Ziel erreichen wir, indem wir v (in der allgemeinen Darstellung) gleich Eins setzen. Damit wird u zu a und schließlich w zu b. Für $a \neq b$ ist dann

[5.2.3] $$q_n=(1-g)(1-a)^{n-1}+(1-g')\frac{a}{a-b}[(1-b)^{n-1}-(1-a)^{n-1}].$$

Durch Umformungen trennen wir die beiden Potenzausdrücke und erhalten

[5.2.4] $$q_n = \frac{a(g'-g)-b(1-g)}{a-b}(1-a)^{n-1} + \frac{a(1-g')}{a-b}(1-b)^{n-1}$$
für $a \neq b$,

während analoge Manipulationen des Ausdrucks für $u=w$ bzw. $a=b$ auf die folgende Formel führen:

[5.2.5] $$q_n = \frac{(1-g)(1-a)+(1-g')a(n-1)}{1-a}(1-a)^{n-1}$$
für $a=b$.

Damit ist die Ableitung der mittleren Lernkurven für alle behandelten Modelle mit endlichen Zustandsräumen abgeschlossen. Die Werte für p_n ergeben sich direkt als $1-q_n$, wobei für q_n beim Alles-oder-Nichts-Modell [5.2.2] und beim 2-Elemente-Modell [5.2.4] bzw. [5.2.5] einzusetzen ist.

5.3 Mittlere Lernkurve bei unendlichem Zustandsraum

Einfaches lineares Modell, 2-Phasen-Modell und RTI-Modell zeichnen sich nicht nur durch die unendlichen Zustandsräume aus, sondern haben überdies die Eigenschaft, daß ihre *Elementarzustände* direkt durch *Reaktionswahrscheinlichkeiten* beschrieben werden. Damit bietet sich für die Bestimmung der mittleren Lernkurven ein direkterer Weg an, der nicht explizit über eine vorherige Bestimmung von Zustandswahrscheinlichkeiten läuft.

Sofern die Wahrscheinlichkeit einer richtigen Reaktion in einem dieser Modelle auf einer Stufe nicht konstant bleibt, gibt es für die Änderung nur eine Möglichkeit. Jede solche Änderung wird durch einen Ausdruck der Form

[5.3.1] $\quad p' = \alpha p + (1-\alpha)$

beschrieben. Wir erreichen auch hier wieder einige beträchtliche formale Vereinfachungen, indem wir die *Wahrscheinlichkeit einer falschen Reaktion* q betrachten, für die dann gilt:

[5.3.2] $\quad q' = 1 - p' = 1 - \alpha p - 1 + \alpha = \alpha q.$

Die *Startwahrscheinlichkeit* einer richtigen Reaktion sei zur besseren Vergleichbarkeit mit den vorhergegangenen Ableitungen wieder mit g bezeichnet. Dann ist

[5.3.3] $\quad q_1 = 1 - g.$

Es sei nun $q_{(k)}$ jene Wahrscheinlichkeit einer falschen Reaktion, die man erhält, wenn der Ausgangswert $(1-g)$ genau k-mal durch Anwendung der in [5.3.2] angegebenen Umrechnungsvorschrift verändert wird. Durch vollständige Induktion läßt sich leicht beweisen, daß

[5.3.4] $\quad q_{(k)} = \alpha^k (1-g)$

ist. Beim *einfachen linearen Modell* wird q auf jeder Stufe des Lernprozesses verändert. Bis zur n-ten Stufe haben also $k = n-1$ Änderungen stattgefunden. Damit ist

[5.3.5] $\quad q_n = q_{(n-1)} = \alpha^{n-1}(1-g).$

Beim *2-Phasen-Modell* hängt die Anzahl der Anwendungen von [5.3.2] bis zur n-ten Stufe davon ab, wann der Prozeß in die zweite Phase eingetreten ist. Mit W bezeichnen wir eine Variable, die für einen individuellen Prozeß als Wert die Nummer jener Stufe annimmt, auf der zum ersten Mal die Reaktionswahrscheinlichkeiten geändert werden. Da dies mit Wahrscheinlichkeit c bereits beim ersten Lernschritt geschieht, ist

[5.3.6] $\quad p(W=1) = c.$

Hat der Phasenwechsel vor der n-ten Stufe noch nicht stattgefunden, so findet er auf eben dieser Stufe mit Wahrscheinlichkeit $(1-c)$ auch nicht statt. Damit ist

[5.3.7] $\quad p(W>n) = (1-c)\,p(W>n-1).$

Da der Prozeß auf jeden Fall in der ersten Phase startet, ist

[5.3.8] $$p(W>0)=1,$$

und wir erhalten allgemein

[5.3.9] $$p(W>n)=(1-c)^n.$$

Ein Wechsel von der ersten zur zweiten Phase findet genau dann auf Stufe n statt, wenn $W>(n-1)$ ist, und wenn beim Vorliegen der ersten Phase bei $n-1$ ein Übergang zur zweiten folgt. Dies geschieht aber mit Wahrscheinlichkeit c. Damit ist

[5.3.10] $$p(W=n)=c\,p(W>n-1)=c(1-c)^{n-1}.$$

Die Wahrscheinlichkeit eines Fehlers auf der n-ten Stufe ist nun gleich der Startwahrscheinlichkeit $(1-g)$, sofern $W>n$ ist, da in diesem Fall bis zur n-ten Stufe noch keine Zustandsveränderung stattgefunden hat. Ist dagegen $W=i<n$, so wurde der Zustand bereits $(n-i)$-mal verändert, und q_n ergibt sich als $q_{(n-i)}$. Damit ist

[5.3.11] $$q_n=\sum_{i=1}^{n} q_{(n-i)}\,p(W=i)+(1-g)\,p(W>n).$$

Die erste Summe auf der rechten Seite läuft über alle möglichen Positionen der Phasenänderung bis zur n-ten Stufe einschließlich; der letzte Summand berücksichtigt den Fall, daß auf eben dieser Stufe immer noch die erste Phase vorliegt. Wir können nun [5.3.4], [5.3.9] und [5.3.10] in [5.3.11] einsetzen und erhalten

[5.3.12] $$q_n=\sum_{i=1}^{n} \alpha^{n-i}(1-g)c(1-c)^{i-1}+(1-g)(1-c)^n.$$

Durch Auflösung der Summe und einfache Umformungen ergibt sich hieraus

[5.3.13] $$q_n=(1-g)\left[c\,\frac{\alpha^n-(1-c)^n}{\alpha-(1-c)}+(1-c)^n\right]$$

für $\alpha \neq (1-c)$,

$$q_n=(1-g)\alpha^{n-1}[n(1-\alpha)+\alpha]$$

für $\alpha=(1-c)$.

Beim *RTI-Modell* werden die Reaktionswahrscheinlichkeiten auf jeder Stufe des Lernprozesses mit Wahrscheinlichkeit c einer Veränderung gemäß [5.3.1] bzw. [5.3.2] unterzogen, während sie mit Wahrscheinlichkeit $(1-c)$ unverändert bleiben. Bis zur n-ten Stufe sind maximal $(n-1)$ Veränderungen möglich. Bei konstanter Änderungswahrscheinlichkeit ohne irgendwelche seriellen Abhängigkeiten ist die Wahrscheinlichkeit von genau i Veränderungen bei maximal $(n-1)$ Möglichkeiten durch die Binomialverteilung gegeben als

[5.3.14] $$p(V=i|n-1)=\binom{n-1}{i}c^i(1-c)^{n-i-1}.$$

Die mittlere Wahrscheinlichkeit eines Fehlers auf Stufe n erhalten wir durch Mitteilung der verschiedenen möglichen Wahrscheinlichkeiten bei i-maliger vorausgegangener Veränderungen unter Berücksichtigung der Wahrscheinlichkeiten aus [5.3.14].

[5.3.15] $$q_n=\sum_{i=0}^{n-1} p(V=i|n-1)q_{(i)}=$$

$$=\sum_{i=0}^{n-1}\binom{n-1}{i}c^i\alpha^i(1-c)^{n-i-1}(1-g).$$

Ziehen wir $(1-g)$ vor die Summe, so bleibt eine Summe, die gleich der Reihendarstellung von

$$(\alpha c+(1-c))^{n-1}$$

ist. Wir erhalten mithin

[5.3.16] $$q_n=(1-g)[\alpha c+(1-c)]^{n-1}.$$

5.4 Vergleich der mittleren Lernkurven

Betrachten wir die Ergebnisse unserer Ableitungen, so fällt zunächst auf, daß sich alle *mittleren Lernkurven* der behandelten Modelle für einfaches Paarlernen durch den allgemeinen Ausdruck

[5.4.1] $$q_n=Ax^{n-1}+By^{n-1}$$

darstellen lassen. Setzt man in diesem Ausdruck n gleich 1, so sieht man direkt, daß in jedem Fall

[5.4.2] $$A+B=q_1=1-g$$

sein muß. Dieses Ergebnis kann man auch erhalten, indem man in den spezifischen Formeln zunächst A und B explizit darstellt und daraus die Summe bildet. Weiterhin ist stets

[5.4.3] $$0\leq x\leq 1 \quad \text{und} \quad 0\leq y\leq 1.$$

In allen Fällen ist

[5.4.4] $$q_{n+1}\leq q_n.$$

Damit sind alle Lernkurven von der Art, daß mit steigender Anzahl von Lernschritten die Wahrscheinlichkeit einer falschen Reaktion sinkt. Dies dürfte der üblichen Vorstellung von Lernprozessen entsprechen. Allerdings ist hierzu anzumerken, daß für diese Aussage beim 2-Elemente-Modell die zusätzliche Restriktion $g'\geq g$ benötigt wird.
Bei drei der behandelten Modelle, nämlich beim *Alles-oder-Nichts-Modell*, beim *einfachen linearen Modell* und beim *RTI-Modell* vereinfacht sich der in [5.4.1] angegebene Ausdruck durch die *Bedingung* $B=0$ zu

[5.4.5] $$q_n=(1-g)x^{n-1} \quad \text{mit } 0\leq x\leq 1.$$

Diese drei Modelle sind also anhand der mittleren Lernkurven nicht unterscheidbar. Beim *2-Elemente-Modell* bezeichnen wir $(1-a)$ durch x und $(1-b)$ durch y. Für $a\neq b$ erhalten wir dann

[5.4.6] $$B_{2E}=(1-g')\frac{1-x}{y-x}.$$

Bleibt nun noch das *2-Phasen-Modell.* Substitution von $(1-c)$ durch x und α durch y erbringt für $\alpha\neq(1-c)$

[5.4.7] $$B_{2P}=(1-g)\frac{y(1-x)}{y-x}.$$

Die entsprechenden Ausdrücke für A ergeben sich direkt aus der Bedingung [5.4.2].

Wegen der zusätzlichen Restriktion $B=0$ sind die Lernkurven des Alles-oder-Nichts-Modells, des einfachen linearen Modells und des RTI-Modells nicht unterscheidbar. Interessiert man sich bei einer bestimmten praktischen Anwendung nur für Eigenschaften eben dieser Kurven, so ist es also gleichgültig, welches dieser Modelle man wählt.

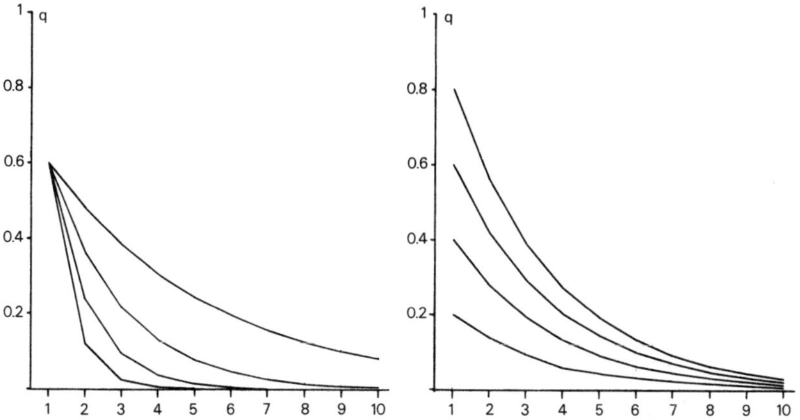

Abb. 5.1: Mittlere Lernkurven der Form $q_n = A x^{n-1}$. Kurven dieser Art ergeben sich für die Fehlerwahrscheinlichkeiten beim einfachen Paarlernen aus dem Alles-oder-Nichts-Modell, dem einfachen linearen Modell und dem RTI-Modell. In der linken Abbildung variiert x bei konstantem Anfangswert $g=0.6$ von 0.8 (oberste Kurve) über 0.6 und 0.4 bis 0.2 (unterste Kurve). Im rechten Bild ist x konstant gleich 0.7 und der Anfangswert g nimmt (von oben nach unten) die Werte 0.8, 0.6, 0.4 und 0.2 an.

In jedem Fall sind Verläufe der in Abbildung 5.1 dargestellten Art möglich. Bei gleicher Startwahrscheinlichkeit g schneiden sich die Lernkurven nicht, das heißt:

[5.4.8] wenn $q_i > q_i'$ für irgendein $i \neq 1$,
dann $q_j > q_j'$ für alle $j > 1$.

Zum Vergleich der übrigen Modelle ist es sinnvoll, die Grenzen für B bei gegebenen $(1-g)$, x und y zu bestimmen. Es ist

[5.4.9] für $y > x$:

$$0 \leq B_{2E} \leq (1-g)\frac{1-x}{y-x},$$

$$B_{2p} = (1-g)\,y\,\frac{1-x}{y-x}.$$

Die größte Variabilität der mittleren Lernverläufe liefert das 2-Elemente-Modell, das mithin bei empirischen Untersuchungen trivialerweise empirische mittlere Lernkurven besser anpassen kann als alle anderen behandelten Modelle.
Es sei noch darauf hingewiesen, daß für $y < x$ die unter [5.4.9] angegebenen Ungleichungen schlicht umzukehren sind. In diesem Fall sind also die B-Werte stets kleiner oder höchstens gleich Null. Wir wollen nun die Ergebnisse unserer Ableitungen noch einmal zusammenfassen.

5.A Alle in Kapitel 4 vorgestellten Modelle für einfaches Paarlernen liefern *mittlere Lernkurven* der Form

$$q_n = A x^{n-1} + B y^{n-1}.$$

5.B L(Mod) sei die Menge der unter Modell »Mod« möglichen mittleren Lernkurven. Dann ist

L(Alles-oder-Nichts-Modell) =
= L(einfaches lineares Modell) =
= L(RTI-Modell) ⊆
⊆ L(2-Phasen-Modell) ⊆
⊆ L(2-Elemente-Modell).

5.C Alles-oder-Nichts-Modell, einfaches lineares Modell und RTI-Modell sind anhand der mittleren Lernkurven nicht unterscheidbar.

5.5 Fragen

1. Hängt beim ›Alles-oder-Nichts-Modell‹ das Verhältnis zwischen zwei direkt aufeinanderfolgenden Fehlerwahrscheinlichkeiten von der betrachteten Position im Lernprozeß ab oder nicht?
2. Welchen Effekt hat es für die Lernkurve, wenn beim ›2-Elemente-Modell‹ $b=0$ gesetzt wird?
3. Welchen Wert muß α annehmen, damit beim einfachen linearen Modell bei beliebigem g die Lernkurve zur Konstanten entartet, also kein Lernfortschritt stattfindet?

5.6 Weiterführende Literatur

Wer einige der unter 4.6 am Ende des vorausgegangenen Kapitels genannten Arbeiten ausgewählt hat, um sich mit den Ausgangs-Annahmen der dort behandelten Modelle vertraut zu machen, sollte nun anhand der gleichen Arbeiten die Ableitungen von Lernkurven nachzuvollziehen versuchen.

Darüberhinaus existiert ein Buch (Levine und Burke 1972), das Techniken bei der Analyse stochastischer Lernmodelle ausführlich darstellt. Die Autoren machen wenig Voraussetzungen und behandeln selbst einfache mathematische Methoden (wie etwa die Umformung von Reihen) recht ausführlich.

6. Einige weitere Ableitungen

Inhalt:

Die im vorausgegangenen Kapitel besprochenen mittleren Lernkurven gestatten häufig keine vergleichende Bewertung verschiedener Modelle anhand empirischer Daten, da sie für unterschiedliche Modelle oft ähnliche oder sogar gleiche Form haben. Es ist mithin vornehmlich bei Untersuchungen zur empirischen Gültigkeit von Modellen notwendig, kontrollierbare Aussagen über differenzierende abgeleitete Kennwerte empirischer Lerndaten zu untersuchen. In diesem Kapitel werden einige solcher abgeleiteten Statistiken angesprochen. Dabei wird in jedem Fall nur auf einige wenige der in Kapitel 4 vorgestellten Modelle zurückgegriffen, da die Behandlung aller dieser Modelle im Zusammenhang mit jedem der angesprochenen Kennwerte den Rahmen einer Einführung in Ableitungstechniken weit sprengen wurde.

6.1 Kumulierte Fehlerkurve

Mittlere Lernkurven, die wir im vorausgegangenen Kapitel behandelt haben, eignen sich nicht besonders gut für den direkten Vergleich mit empirischen Daten aus individuellen Lernprozessen. Den Wahrscheinlichkeiten p_n bzw. q_n entsprechen im Bereich empirischer Daten relative Häufigkeiten. Liegt nur ein einziger individueller Lernverlauf vor, so ist trivialerweise jede dieser relativen Häufigkeiten gleich Null oder Eins, denn auf jeder Stufe des Lernprozesses wird entweder ein Fehler gemacht oder nicht. Wir erhalten also nur dann relative Fehler- oder Trefferhäufigkeiten ungleich Null oder Eins, wenn wir für jede Position des Lernprozesses Daten aus verschiedenen Einzelversuchen und somit aus unterschiedlichen individuellen Prozessen registrieren. In diesem Fall stellt sich aber die Frage, ob es gerechtfertigt ist, für diese Einzelverläufe gleiche Werte der jeweiligen Modellparameter zu unterstellen.

Will man Einzelprozesse etwa bezüglich des Lerntempos vergleichen, so bieten die *empirischen Lernkurven* mit ihren Sprüngen zwischen Null und Eins nur ein sehr unübersichtliches Bild. Man hilft sich häufig, indem man den gesamten Verlauf in *Blöcke* unterteilt, die jeweils eine bestimmte Zahl von Stufen umfassen. Für jeden Block gibt man dann die relative Häufigkeit richtiger Reaktionen bei allen zum jeweiligen Block gehörenden Einzelversuchen an. Ein Nachteil dabei ist, daß eine Menge Information verloren geht. Insbesondere bei sehr schnell verlaufenden Lernprozessen ist man zu einer kleinen Blockgröße gezwungen, um überhaupt noch Unterschiede zwischen Einzelkurven erfassen zu können. Damit nähert man sich aber wieder der vollständigen individuellen Kurve, die als Blockdarstellung mit Blöcken zu je einem Versuch aufgefaßt werden kann, und den damit verbundenen Nachteilen.

Es ist somit in vielen Fällen sinnvoll, individuelle Lernprozesse durch Kurven darzustellen, die der Anschaulichkeit der Blockdarstellung (insbesondere bezüglich möglicher Unterschiede zwischen individuellen Verläufen) nahekommen, aber keine Information aufgeben. Dies erreicht man am ehesten durch *kumulierte Fehlerkurven*. Zu jedem Einzelversuch n wird angegeben, wieviele falsche Reaktionen bis zum n-ten Einzelversuch einschließlich aufgetreten sind. Wir bezeichnen diese Anzahl im Folgenden als T_n. Abbildung 6.1 zeigt für ein fiktives Beispiel die drei angesprochenen Darstellungsmöglichkeiten. Bei der Interpretation kumulierter Fehlerkurven ist zu beachten, daß ein rascherer Anstieg und ein höheres Endniveau mehr Fehler, also einen langsameren Lernprozeß, repräsentieren.

Bei stochastischen Lernmodellen ist T_n für jedes n eine Zufallsvariable. Das heißt, daß für ein bestimmtes n keine bestimmte Fehlerzahl k als Wert von T_n festgelegt wird; es werden vielmehr den verschiedenen möglichen Werten Wahrscheinlichkeiten zugewiesen. Wir bezeichnen den *Erwartungswert*, also das arithmetische Mittel über alle möglichen Werte von T_n unter Berücksichtigung der vom Modell spezifizierten Wahrscheinlichkeiten, als $E(T_n)$ und die zugehörige *Varianz* als $V(T_n)$. Am Beispiel des Alles-oder-Nichts-Modells werden wir zeigen, wie sich Aussagen über diese Kennwerte aus Modellannahmen ableiten lassen. Zuvor sei festgehalten, daß

> T_n die *Anzahl der falschen Reaktionen* bis zur n-ten Stufe eines Lernprozesses einschließlich, $E(T_n)$ den *Erwartungswert* der Verteilung von T_n, und $V(T_n)$ die *Varianz* eben dieser Verteilung

kennzeichnen.

Es sei R_i eine Variable, die den Wert Null annimmt, wenn auf der i-ten Stufe eines Lernprozesses eine richtige Reaktion erfolgt, und den Wert Eins, wenn auf eben dieser Stufe eine falsche Reaktion eintritt. Anstatt die Fehler bis zum n-ten Versuch auszuzählen, kann man zunächst die Werte für R_i von $i=1$ bis $i=n$ einschließlich aufschreiben und addieren. Damit ist

[6.1.1] $$T_n = \sum_{i=1}^{n} R_i.$$

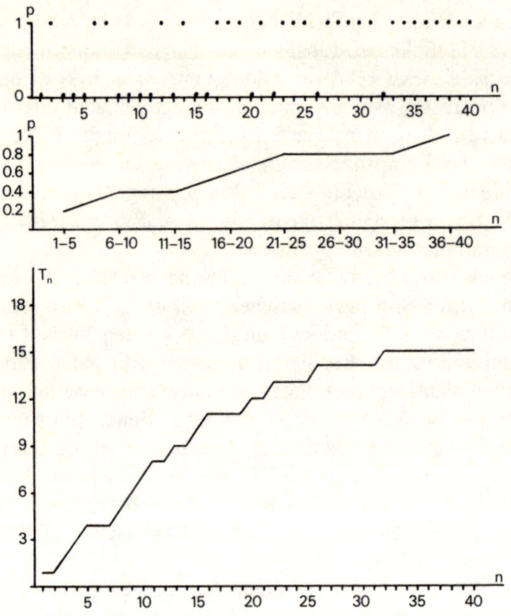

Abb. 6.1: Mögliche Darstellungen eines individuellen Lernverlaufs.
Oben: Relative Häufigkeit einer richtigen Reaktion auf jeder Stufe.
Mitte: Relative Häufigkeit richtiger Antworten in jedem Block von 5 aufeinanderfolgenden Stufen.
Unten: Gesamtzahl der Fehler (T_n) bis zur jeweils n-ten Stufe einschließlich.

Der Erwartungswert (bzw. das arithmetische Mittel) einer Summe von Variablen ist bekanntlich gleich der Summe der Erwartungswerte eben dieser Variablen. Es gilt also

[6.1.2] $$E(T_n) = \sum_{i=1}^{n} E(R_i).$$

Die Wahrscheinlichkeit einer falschen Reaktion auf der i-ten Stufe eines Lernprozesses bezeichnen wir mit q_i. Dies ist mithin gleichzeitig die Wahrscheinlichkeit, mit der R_i den Wert Eins annimmt. Der Erwartungswert von R_i ist dann

[6.1.3] $$E(R_i) = q_i(1) + (1 - q_i)(0) = q_i.$$

Einsetzen in [6.1.2] ergibt:

[6.1.4] $$E(T_n) = \sum_{i=1}^{n} q_i.$$

Um die *mittlere kumulierte Fehlerkurve* für ein bestimmtes Modell zu erhalten, brauchen wir nun in [6.1.4] anstelle von q_i nur noch den entsprechenden Ausdruck für die mittlere Lernkurve einzusetzen, also beim Alles-oder-Nichts-Modell gemäß Formel [5.2.2]

$$q_i = (1 - g)(1 - c)^{i-1}.$$

Wir erhalten dann für das *Alles-oder-Nichts-Modell*

[6.1.5] $$E(T_n) = (1 - g) \sum_{i=1}^{n} (1 - c)^{i-1}.$$

Zur Umformung der Summe in dieser Formel benutzen wir die bereits in 5.1 vorgestellte Technik zur Behandlung von Potenzsummen und erhalten direkt

[6.1.6] $$E(T_n)=(1-g)\frac{1-(1-c)^n}{c}$$

als *mittlere kumulierte Fehlerkurve für das Alles-oder-Nichts-Modell.*
Die nun folgende Ableitung der Varianzen für die kumulierten Fehlerzahlen beim *Alles-oder-Nichts-Modell* dient unter anderem als Beispiel dafür, wie *Abhängigkeiten* zwischen den einzelnen R_i berücksichtigt werden können. Die Varianz einer Variablen ist bekanntlich gleich dem Erwartungswert der Quadrate minus dem quadrierten Erwartungswert. Es ist also

[6.1.7] $$V(T_n)=E(T_n^2)-(E(T_n))^2.$$

Wir fassen die T_n wieder als Summe der entsprechenden R_i auf. T_n^2 ist dann das Quadrat einer Summe, das sich in eine Summe der Quadrate der Komponenten und das Doppelte der Summe der Produkte über alle Komponentenpaare zerlegen läßt. So ist bekanntlich

$$(a+b)^2=a^2+b^2+2ab,$$
$$(a+b+c)^2=a^2+b^2+c^2+2ab+2ac+2bc,$$

und so fort. Wenden wir dieses Prinzip auf T_n^2 an, dann erhalten wir

[6.1.8] $$T_n^2=\sum_{i=1}^n R_i^2+2\sum_{i=2}^n\sum_{j=1}^{i-1} R_iR_j.$$

Der Buchstabe j wird hier als zusätzlicher zweiter Index zur Unterscheidung der einzelnen R's benutzt. Jedes R_i kann nur die beiden Werte Null und Eins annehmen, die beim Quadrieren in sich selbst überführt werden. Damit ist in jedem Fall $R_i^2=R_i$ und die Summe aller R_i^2 ist gleich der Summe aller R_i von 1 bis n, die wiederum gleich T_n ist. Berücksichtigen wir noch, daß der Erwartungswert einer Summe von Variablen gleich der Summe der entsprechenden Erwartungswerte ist, dann ergibt sich

[6.1.9] $$E(T_n^2)=E(T_n)+2\sum_{i=2}^n\sum_{j=1}^{i-1} E(R_iR_j).$$

Das Produkt R_iR_j wird genau dann gleich Eins, wenn sowohl an Position i als auch an Position j ein Fehler auftritt. In allen anderen Fällen wird es Null. Damit ist der Erwartungswert gleich der Wahrscheinlichkeit je einer falschen Reaktion auf Stufe i und auf Stufe j, die mit q_{ij} bezeichnet sei. Unter Verwendung dieser Bezeichnung und der Ausdrücke [6.1.8] und [6.1.9] geht [6.1.7] über in

[6.1.10] $$V(T_n)=E(T_n)+2\sum_{i=2}^n\sum_{j=1}^{i-1} q_{ij}-(E(T_n))^2=$$
$$=E(T_n)(1-E(T_n))+2\sum_{i=2}^n\sum_{j=1}^{i-1} q_{ij}.$$

Nun ist q_{ij} die Wahrscheinlichkeit einer falschen Reaktion an Position i und an Position $j<i$. Dieses Ereignis tritt genau dann ein, wenn

1. der Prozeß an Position i noch im Zustand U ist (womit Zustand U an der zeitlich früher liegenden Position j impliziert ist), und wenn
2. an genau zwei festgelegten Positionen in U (nämlich i und j) ein Fehler gemacht wurde.

Da Reaktionswahrscheinlichkeiten auf allen Positionen mit gleichem Zustand gleich sind, und da weiterhin bei gleichem Zustand die Reaktionen unabhängig voneinander sind, können wir die Wahrscheinlichkeiten der genannten Ereigniskomponenten multiplizieren. Es ist

[6.1.11] $$q_{ij}=p(S_i=U)\,p(-|U)\,p(-|U)=(1-c)^{i-1}(1-g)^2.$$

Den letzten Teil dieses Ausdrucks erhält man unter Berücksichtigung der Ableitungen in Kapitel 5. Alle q_{ij} sind für konstantes i gleich. Die innere Summation ganz rechts in [6.1.10] läuft mithin (i – 1)-mal über ein konstantes Glied und wird so zur Multiplikation eben dieses Gliedes mit (i – 1). Damit ist

[6.1.12] $$V(T_n) = E(T_n)(1 - E(T_n)) + 2(1-g)^2 \sum_{i=2}^{n} (i-1)(1-c)^{i-1}.$$

Schließen wir noch einige elementare Umformungen an, dann erhalten wir schließlich für die *Varianzen der kumulierten Fehlerzahlen beim Alles-oder-Nichts-Modell* den Ausdruck:

[6.1.13] $$V(T_n) = E(T_n)\left[1 - E(T_n) + 2\frac{(1-g)(1-c)}{c}\right] - 2\frac{(1-g)^2}{c} n(1-c)^n.$$

6.A Die *kumulierte Fehlerkurve* (T_n) eines *individuellen Lernprozesses* gibt für jede Stufe n die Anzahl aller falschen Reaktionen bis zu dieser Stufe einschließlich an.

6.B Die *mittlere kumulierte Fehlerkurve* $(E(T_n))$ ist direkt aus der mittleren Lernkurve q_i ableitbar. Es ist

$$E(T_n) = \sum_{i=1}^{n} q_i.$$

6.C Bei der Ableitung der *Varianzen der kumulierten Fehlerzahlen* ist zu berücksichtigen, ob die einzelnen R_i unter den jeweiligen Modellannahmen voneinander unabhängig sind oder nicht.

6.2 Gesamtzahl der Fehler

Eine einfache deskriptive Statistik eines individuellen Lernprozesses mit richtigen und falschen Reaktionen ist die *Gesamtzahl der Fehler.* Bei der Ableitung von Eigenschaften dieses Kennwertes aus Modellannahmen muß man allerdings davon ausgehen, daß der Prozeß beliebig lange läuft. In der Praxis hilft man sich durch Einführung eines *Abbruchkriteriums,* bei dessen Erreichen die erwartete Häufigkeit weiterer Fehler eine bestimmte Schwelle nicht überschreitet. Solche Abbruchkriterien sind sorgfältig zu wählen. Insbesondere sollte man das jeweilige Kriterium dem vorausgegangenen Lernverlauf anpassen. Bei Experimenten findet man häufig ein Vorgehen, bei dem eine bestimmte Anzahl aufeinanderfolgender richtiger Reaktionen als Abbruchkriterium gewählt wird. Zunächst wollen wir am Beispiel des Alles-oder-Nichts-Modells zeigen, daß eine solche Methode keineswegs befriedigend ist.

Unterstellen wir, es seien 10 aufeinanderfolgende richtige Reaktionen als Abbruchkriterium gewählt. Beim letzten Fehler vor dieser Folge ist der Prozeß entsprechend den Annahmen des Alles-oder-Nichts-Modells noch im Zustand U. Die Wahrscheinlichkeit, in diesem Zustand 10 richtige Reaktionen hintereinander zu produzieren, ist g^{10}. Die ›Ratewahrscheinlichkeit‹ g läßt sich als relative Häufigkeit richtiger Reaktionen vor dem letzten Fehler schätzen, da in diesem Zeitabschnitt sicher noch der Zustand U vorlag. Fällt diese Schätzung für verschiedene individuelle Prozesse verschieden aus, so ist auch g^{10} unterschiedlich zu schätzen. Damit ist die Wahrscheinlichkeit eines Abbruchs in U unterschiedlich groß. Wir wollen hier nicht näher auf die Frage eingehen, wie man ein variables Abbruchkriterium bestimmen kann, das bestimmte Wahrscheinlichkeitsverhältnisse beim Abbruch konstant hält. Die würde unter anderem eine ausführliche Beschäftigung mit Entscheidungsstrategien vorauszusetzen. Der interessierte Leser sei hierzu auf die Arbeit von Rhenius (1971) verwiesen.

Im weiteren Verlauf sei unterstellt, die Frage des Abbruchkriteriums sei befriedigend gelöst. Dabei ist darauf hinzuweisen, daß sich die Wahrscheinlichkeiten für die verschiedenen möglichen Fehler-Gesamtzahlen ohnehin bei hinreichend großem n nur so wenig von den entsprechenden Wahrscheinlichkeiten der Fehlerzahlen bei den ersten n Versuchen unterscheiden, daß derartige Abweichungen nur bei sehr großen Datenmengen relevant werden. Probleme dieser Art sind nicht spezifisch für stochastische Lernmodelle, sondern tauchen bei allen Parameterschätzungen im Bereich der Statistik stets in prinzipiell gleicher Form auf. Wir unterstellen also, die Gesamtzahl der Fehler bei einem individuellen Lernprozeß T sei empirisch hinreichend gut schätzbar.
Zunächst ist festzuhalten, daß

> die *Gesamtzahl der Fehler* T als *Grenzwert* aufzufassen ist, gegen den die Zahl der Fehler bei den ersten n Versuchen T_n mit wachsendem n strebt.

Damit sind Erwartungswert und Varianz von T durch entsprechende Grenzübergänge

[6.2.1] $$E(T) = \lim_{n\to\infty} E(T_n),$$

[6.2.2] $$V(T) = \lim_{n\to\infty} V(T_n)$$

bestimmbar. Zur Bestimmung des *Erwartungswertes* können wir beim *Alles-oder-Nichts-Modell* für $E(T_n)$ in [6.2.1] Formel [6.1.6] einsetzen und erhalten

[6.2.3] $$E(T) = (1-g)\lim \frac{1-(1-c)^n}{c} = \frac{1-g}{c}.$$

[6.2.3] ist ein Ausdruck, dessen Bedeutung inhaltlich direkt einleuchtet. Da c die Wahrscheinlichkeit eines Überganges vom Zustand U in den Zustand C ist, ergibt sich die mittlere Anzahl von Lernstufen in U als 1/c. Die erwartete Fehler-Gesamtzahl ist dann schlicht eben diese Anzahl von Einzelversuchen in U multipliziert mit der Wahrscheinlichkeit eines Fehlers in U.
Bei den entsprechenden Grenzübergängen zur Bestimmung der *Varianz* der Fehlergesamtzahl ist zu berücksichtigen, daß im vorliegenden Fall nicht nur $E(T_n)$ gegen $E(T)$ konvergiert, sondern auch $(E(T_n))^2$ gegen $(E(T))^2$. Damit erhält man unter Benutzung von [6.1.13] aus [6.2.2] für das *Alles-oder-Nichts-Modell*

[6.2.4] $$V(T) = E(T)\left[1 - E(T) + 2\frac{(1-g)(1-c)}{c}\right] - 2\frac{(1-g)^2}{c}\lim_{n\to\infty}(n(1-c)^n).$$

Der Grenzwert ganz rechts in diesem Ausdruck geht gegen Null. Damit ist

[6.2.5] $$V(T) = E(T)\left[1 - E(T) + 2\frac{1-g}{c}(1-c)\right] = \\ = E(T)[1 - E(T) + 2(1-c)E(T)] = \\ = E(T)[E(T)(1-2c) + 1].$$

Ein entscheidender Vorteil der *Gesamt-Fehlerzahl* eines Lernprozesses ist, daß sich für diesen Kennwert bei recht vielen stochastischen Lernmodellen die genaue *Verteilung* relativ einfach ableiten läßt. In vielen Fällen ist die Ableitung eben dieser Verteilung wesentlich einfacher als die Bestimmung der Wahrscheinlichkeiten für die verschiedenen möglichen Werte von T_n bei endlichem n. Man erreicht diesen Vorteil, indem man nicht durch Grenzübergang aus einer Folge von Verteilungen bei endlichem n zu den Wahrscheinlichkeiten für die möglichen Werte von T gelangt, sondern einen direkteren Ansatz wählt. Zunächst leitet man die Wahrscheinlichkeit ab, mit der ein Lernprozeß fehlerfrei verläuft, und dann die Wahrscheinlichkeit, mit der einem Fehler in einem der Zustände nur noch richtige Reaktionen folgen. Unter Benutzung dieser Hilfsgrößen ist die Verteilung von T bestimmbar. Ein recht ausführlich dargestelltes Beispiel für diese Technik kann man bei Atkinson, Bower und Crothers (1965, S. 94–96) finden.

> 6.D Die *Gesamtzahl der Fehler* in einem individuellen Lernprozeß (T) ist der Grenzwert für die Anzahl der Fehler auf den ersten n Stufen (T_n) bei steigendem n.
> 6.E *Erwartungswert und Varianz von T* lassen sich durch Grenzübergang
>
> $$E(T) = \lim_{n\to\infty} E(T_n)$$
>
> und $V(T) = \lim_{n\to\infty} V(T_n)$
>
> bestimmen.

6.3 Position des letzten Fehlers

Ein weiterer einfacher Kennwert, in dem sich individuelle Lernprozesse unterscheiden, ist die Nummer jener Stufe des Prozesses, bei der der letzte Fehler auftritt. Bezüglich der empirischen Schätzung dieses Wertes, der mit ›L‹ bezeichnet sei, gelten die gleichen Überlegungen, die wir am Anfang von 6.2 hinsichtlich der Schätzung der Gesamtzahl von Fehlern angestellt haben.

Die *Verteilung der Größe L* wird beispielhaft für das *Alles-oder-Nichts-Modell* abgeleitet. Zunächst betrachten wir den Sonderfall, bei dem überhaupt kein Fehler auftritt und mithin auch keine Nummer des letzten Fehlers angebbar ist. Es sei vereinbart, in diesem Fall als Nummer des letzten Fehlers eine Null einzusetzen. Damit ist

[6.3.1] $\quad p(L=0) = p(T=0).$

Diese Aussage gilt selbstverständlich für jedes beliebige Lernmodell. Beim Alles-oder-Nichts-Modell läßt sich [6.3.1] spezifizieren als

[6.3.2] $\quad p(L=0) = gb \quad \text{mit} \quad b = \dfrac{c}{1-g(1-c)}.$

Für $n \geq 1$ tritt genau dann an Position n der letzte Fehler auf, wenn

1. der Prozeß auf Stufe n im Zustand U ist (Wahrscheinlichkeit $(1-c)^{n-1}$), wenn
2. an eben dieser Position in U ein Fehler gemacht wird (Wahrscheinlichkeit $1-g$), und wenn
3. dieser Reaktion in U kein weiterer Fehler mehr folgt (Wahrscheinlichkeit b).

Multiplikation der Wahrscheinlichkeiten dieser Ereigniskomponenten ergibt direkt

[6.3.3] $\quad p(L=n) = (1-c)^{n-1}(1-g)b \qquad \text{für } n \geq 1.$

Die Verteilung der Nummer des *Position des letzten Fehlers* unter den Annahmen des Alles-oder-Nichts-Modells ist damit durch [6.3.2] und [6.3.3] vollständig gegeben.

Für Modelle *ohne mindestens einen fehlerfreien absorbierenden Zustand* ist die Nummer der Position des letzten Fehlers keine brauchbare Statistik, da hier im allgemeinen alle $p(L=n)$ für endliches n gegen Null gehen. Betrachten wir etwa das allgemeine lineare Modell. Der letzte Fehler ist genau dann an Position n, wenn hier ein Fehler auftritt, während alle folgenden Positionen fehlerfrei bleiben. Es wäre also

[6.3.4] $\quad p(L=n) = q_n(1-q_{n+1})(1-q_{n+2})(1-q_{n+3})\ldots$

Da dieses unendliche Produkt unbegrenzt viele Glieder $(1-q_i)$ enthält, die sämtlich kleiner als Eins sind, geht der Wert dieses Produktes in jedem Fall gegen Null. Es existiert also für endliches n keine numerisch angebbare Wahrscheinlichkeit $p(L=n)$.

6.F L sei die Nummer jener Position eines individuellen Lernprozesses, bei der der *letzte Fehler* (letzte falsche Reaktion) eintritt. Bei Modellen mit mindestens einem *absorbierenden fehlerfreien Zustand* kann die Verteilung von L aus Modellannahmen abgeleitet werden.

6.4 Folge-Statistiken

Ein Kapitel über die Ableitung von Eigenschaften (insbesondere Wahrscheinlichkeiten und Verteilungskennwerte) der unterschiedlichsten Statistiken, die aus Lerndaten berechnet werden können, läßt sich nahezu beliebig lang fortsetzen. In sehr vielen Arbeiten, die empirischen Modellvergleichen gewidmet sind, findet man immer wieder neue Kennwerte, die sich gerade für den Vergleich der jeweils gegenübergestellten Modelle besonders gut eignen. Wir wollen hier lediglich noch kurz einige simple Folge-Statistiken erwähnen, die sich in der Literatur besonderer Beliebtheit erfreuen. Dabei ist allgemein

eine *Folge-Statistik* ein Kennwert, der sich aufgrund der *Reihenfolge beobachtbarer Ereigniskomponenten* in jeweils einem individuellen Lernprozeß bestimmen läßt.

Beim *einfachen Paarlernen* sind nur die Reaktionen beobachtbare Ereigniskomponenten. Wir können also unsere Betrachtungen auf die *Abfolge von Reaktionen* beschränken. Liegen unterschiedliche individuelle Prozesse vor, für die gleiche Modellparameter unterstellt werden, so kann man nach der Wahrscheinlichkeit fragen, mit der auf einer bestimmten Stufe eine bestimmte Reaktion (richtig oder falsch) erfolgt, sofern an einer ebenfalls festgelegten vorhergegangenen Position eine bestimmte Reaktion gegeben ist. Wir haben bereits in 6.1 vereinbart, daß für jede Position eine Reaktionsvariable R_n gegeben ist, die den Wert Eins annimmt, wenn an eben dieser Position eine falsche Reaktion eintritt, und den Wert Null, wenn die entsprechende Reaktion richtig ist. Wir fragen nun nach Wahrscheinlichkeiten der Form

$$p(R_{n+k}=1|R_n=1),$$

also nach der Wahrscheinlichkeit dafür, daß auf der k-ten Position nach einem Fehler auf Position n wieder ein Fehler auftritt.
Weitere beliebte Folge-Statistiken sind Häufigkeiten von *Fehlerfolgen* in individuellen Lernprozessen. Wir bezeichnen mit

r_{jn} eine *Fehlerfolge* der Länge j, die an Position n beginnt. Mithin liegt r_{jn} genau dann vor, wenn
1. $n=1$ ist, oder wenn an Position $n-1$ eine richtige Reaktion erfolgt ist, wenn
2. die Positionen n, $n+1$, $n+2$, ... $n+j-1$ alle falsche Reaktionen enthalten, und wenn
3. an Position $n+j$ eine richtige Reaktion folgt.
Jede Fehlerfolge der Länge j ist mithin vorne und hinten durch eine richtige Reaktion abgeschlossen. Die richtige Reaktion vor der Folge fehlt, wenn diese auf der ersten Stufe des Lernprozesses beginnt.

Damit wollen wir unsere Beispiele für verschiedene Ableitungen aus stochastischen Lernmodellen für einfaches Paarlernen abschließen. Ziel der Darstellung war eine exemplarische Einführung in Ableitungstechniken und eine Diskussion der wichtigsten Eigenschaften abgeleiteter Kennwerte zu den in Kapitel 4 vorgestellten Modellen. Die Auswahl der vorgestellten Ableitungen erfolgte daher vornehmlich unter dem Gesichtspunkt der Repräsentativität für oft benutzte Gedankengänge bei Ableitungen und der Einfachheit der formalen Umformungen.

6.G *Folgestatistiken* sind Kennwerte, die unter Berücksichtigung der Reihenfolge beobachtbarer Ereigniskomponenten bestimmbar sind.

6.H Auf der Basis von *Übergangswahrscheinlichkeiten* der Form

$$p(R_{n+k}|R_k)$$

lassen sich Wahrscheinlichkeiten und Verteilungskennwerte weiterer Folgestatistiken ableiten, wie etwa:
Wahrscheinlichkeit eines Fehlers nach einem Fehler,
Wahrscheinlichkeit eines Fehlers nach einer richtigen Reaktion,
Wahrscheinlichkeiten von Fehlerfolgen bestimmter Längen mit vorgegebenen Startpositionen,
Verteilungen der Längen von Fehlerfolgen insgesamt,
Gesamtzahl der Fehlerfolgen in einem individuellen Lernprozeß,
und so weiter.

6.5 Fragen

1. Bestimmen Sie bitte die mittlere kumulierte Fehlerkurve für das einfache lineare Modell.
2. Wie groß ist beim einfachen linearen Modell die erwartete Gesamtzahl der Fehler in einem Lernprozeß?
3. Wie groß ist beim Alles-oder-Nichts-Modell die Wahrscheinlichkeit dafür, daß auf einen Fehler an Position n direkt wieder ein Fehler folgt?

6.6 Weiterführende Literatur

Auch die in diesem Kapitel eingeführten Ableitungstechniken sind bei Levine und Burke (1972) ausführlicher dargestellt. Wer weitere Beispiele über die Anwendung solcher Techniken bei der Analyse einzelner Modelle wünscht, sei auf die am Ende des 4. Kapitels (Seite 37) angegebenen Quellen verwiesen. An dieser Stelle ist zu empfehlen, in zumindest zwei oder drei Einzelarbeiten exemplarisch die dort enthaltenen Ableitungen nachzuvollziehen, um eine etwas breitere Erfahrung im Umgang mit Ableitungstechniken zu gewinnen.

7. Parameter und ihre Schätzung

Inhalt:

Es werden allgemeine Probleme der Stellung von Parametern in Lernmodellen angesprochen. Besonderes Gewicht erhalten die Unterscheidung zwischen Modell und Struktur, die Abgrenzung zwischen kontrollierbaren Variablen und freien Parametern, sowie die Konzepte der Identifizierbarkeit von Parametern und der Beobachtbarkeit von Zustands-Ereignis-Kombinationen. Über die Bestimmung der Wahrscheinlichkeit von Beobachtungsfolgen werden Maximum-Likelihood-Schätzungen für Modellparameter beispielhaft abgeleitet. Andere Schätzverfahren werden gegen Ende des Kapitals kurz vorgestellt.

7.1 Modellvariablen

Es sei zunächst an einige Überlegungen aus dem dritten Kapitel dieses Buches erinnert, in dem unter anderem ausgeführt wurde, daß jedes Lernmodell ein Wahrscheinlichkeitsmaß auf der Menge aller möglichen Folgen von Elementarereignissen und Elementarzuständen spezifiziert, und daß alle im Rahmen eines Modells darstellbaren Wahrscheinlichkeiten als Wahrscheinlichkeiten bestimmter Klassen solcher Folgen von Zustands-Ereignis-Kombinationen aufzufassen sind. Wir können also im Rahmen eines Modells die Wahrscheinlichkeiten aller Folgen dieser Art bestimmen. Dabei zeigt sich, daß diese Wahrscheinlichkeiten Funktionen bestimmter Variablen sind, die wir als *freie Parameter* bezeichnen. Daneben tauchen in einzelnen Formeln Variablen auf, die lediglich die Art der Zusammenfassung elementarer Folgen zu einer Klasse regeln, über deren Wahrscheinlichkeit eine Aussage gemacht wird. Da wir willkürlich die jeweils betrachtete Klasse von Folgen wechseln können, sind diese Variablen durch beliebige Wertzuweisung (aus dem jeweiligen Wertevorrat) fixierbar und mithin kontrollierbar. Wir bezeichnen sie als *feste Parameter* oder als *kontrollierbare Variablen.* Die Terminologie ist in diesem Bereich nicht einheitlich; wir folgen hier den Vorschlägen von Restle und Greeno (1970, S. 300 ff.).

Betrachten wir als Beispiel die Wahrscheinlichkeit eines Fehlers an der n-ten Position eines Lernprozesses im Alles-oder-Nichts-Modell:

[7.1.1] $$q_n = (1-g)(1-c)^{n-1}.$$

Der Ausdruck enthält außer der durch ihn spezifizierten Wahrscheinlichkeit drei unabhängige Variablen, nämlich n, g und c. Er gibt die Wahrscheinlichkeit jener Klasse elementarer Zustands-Ereignis-Folgen an, die an Position n ein Ereignis aufweisen, das zur Klasse der falschen Reaktionen gehört. Wir können q_n als Summe der Wahrscheinlichkeiten aller elementaren Folgen dieser Klasse auffassen. Damit regelt n lediglich die jeweils betrachtete Folgenklasse. Der angegebene Ausdruck muß für alle n gelten; n ist eine kontrollierbare Variable. Anders ist es dagegen mit g und c. Dies sind freie Parameter, von denen das Modell behauptet, es gäbe für sie bestimmte Werte derart, daß sich daraus unter Benutzung von [7.1.1] die Fehlerwahrscheinlichkeiten für alle n bei einer gegebenen Folge von q_n-Werten berechnen lassen, sofern diese zum Geltungsbereich des Modells gehört. Die in [7.1.1] dargestellte Aussage läßt sich also wie folgt genauer beschreiben:

für jede natürliche Zahl n
existiert je eine reelle Zahl g und c aus dem Intervall von Null bis Eins derart, daß gilt:

$$q_n = (1-g)(1-c)^{n-1}.$$

Berechnen wir die Wahrscheinlichkeit einer bestimmten Folge von Zustands-Ereignis-Kombinationen, so tauchen dabei nur noch die freien Parameter als Variablen auf. Die Folge sei etwa:

$$\langle U, +, U, -, U, +, U, +, C, +, C, +, C, +, \ldots\rangle.$$

Aus den Übergangswahrscheinlichkeiten und den Reaktionswahrscheinlichkeiten des Alles-oder-Nichts-Modells erhält man als deren Wahrscheinlichkeit direkt

$$1 \cdot g \cdot (1-c) \cdot (1-g) \cdot (1-c) \cdot g \cdot (1-c) \cdot g \cdot c \cdot 1 \cdot 1 \cdot 1 \cdot 1 \cdot 1 \cdot \ldots,$$

also einen Ausdruck, der nur noch die freien Parameter als Variablen enthält. Wir können mithin festhalten, daß

> *freie Parameter* Variablen sind, von denen die Wahrscheinlichkeiten elementarer Zustands-Ereignis-Folgen abhängen, während
> *kontrollierbare Variablen (feste Parameter)* in Modellausdrücken lediglich bei Wertzuweisung eine bestimmte Klasse elementarer Zustands-Ereignis-Folgen spezifizieren, über deren Wahrscheinlichkeit etwas ausgesagt wird.

Jede *Modellaussage behauptet*

> die *Existenz* bestimmter Werte der *freien Parameter* derart, daß für *alle* möglichen Werte der *kontrollierbaren Variablen* ein bestimmter Zusammenhang mit Wahrscheinlichkeiten für Klassen von Zustands-Ereignis-Folgen gilt.

Hierbei ist zu berücksichtigen, daß die Unterscheidung zwischen freien Parametern und kontrollierbaren Variablen keineswegs immer so eindeutig und einfach ist, wie es bislang den Anschein haben mag. Der Formalismus vieler Modelle läßt es zu, durch entsprechende zusätzliche Annahmen die Eigenschaften bestimmter Variablen zu ändern. Betrachten wir ein einfaches Experiment zum Paarlernen, bei dem jeweils eine dargebotene Farbe mit der Nennung eines der Buchstaben A, B oder C zu assoziieren ist. Man könnte hier unterstellen, daß eine Versuchsperson vor dem ersten Einzelversuch keine Ahnung hat, welcher Buchstabe einer bestimmten Farbe zuzuordnen ist, und daß die Ratewahrscheinlichkeit mithin mit $g = 1/3$ festzulegen ist. Theoretisch kann man dies als den Übergang zu einem leicht veränderten Modell auffassen, bei dem jede Zustands-Ereignis-Folge Information über die Anzahl der Reaktionsalternativen k enthält. Wegen $g = 1/k$ ist dann auch g eine kontrollierbare Variable, die jeweils für die Berechnung einer bestimmten Wahrscheinlichkeit bestimmte Folgen auswählt. Damit ist es also möglich

> durch *Zusatzannahmen* über Zusammenhänge zwischen bestimmten Variablen und beobachtbaren und/oder manipulierbaren Größen eben diesen Variablen die Eigenschaften einer *kontrollierbaren Variablen* zuzusprechen.

Ist für ein Modell festgelegt, welche Variablen als freie Parameter aufgefaßt werden, so muß zusätzlich spezifiziert werden, welches die möglichen Wertekombinationen für eben diese Variablen sind.

> Als ›*Parameterraum*‹ eines Modells bezeichnen wir die Menge der Wertekombinationen, die den freien Parametern zugewiesen werden können.

7.2 Modell und Struktur

Wir gehen nun davon aus, daß für ein bestimmtes Modell klar festgelegt ist, welche Variablen als freie Parameter und welche als kontrollierbare Variablen behandelt werden sollen. Weiterhin möge der Parameterraum definiert sein. Damit ist es möglich, jedem freien Parameter einen Wert derart zuzuweisen, daß die entstehende Wertekombination als Punkt im Parameterraum darstellbar ist. Das auf diese Weise entstehende System nennen wir eine *Struktur* (Restle und Greeno 1970, S. 331ff.).
Damit ist

> jedes *Modell* als eine Klasse von *Strukturen* aufzufassen, von denen jede durch Einsetzen der Koordinaten eines Punktes des Parameterraumes entsteht.

Sind beim Modell die Wahrscheinlichkeiten für Klassen von Zustands-Ereignis-Folgen als Funktionen der freien Parameter und der kontrollierbaren Variablen darstellbar, so hängen die gleichen Wahrscheinlichkeiten bei gegebener Struktur nur noch von den kontrollierbaren Variablen ab. Insbesondere sind durch die Wahl einer bestimmten Struktur alle Wahrscheinlichkeiten elementarer Zustands-Ereignis-Folgen numerisch festgelegt. Für jedes mögliche Experiment determiniert eine Struktur die Verteilungen aller abhängigen Variablen. Wir sagen, daß

> jede Struktur eine Wahrscheinlichkeitsverteilung auf der Menge aller elementaren Zustands-Ereignis-Folgen und damit für jedes mögliche Experiment auf der Menge aller möglichen Ergebnisse *erzeugt.*

Man kann also – schlicht gesagt – nach Festlegung spezifischer Werte für die freien Parameter alle Wahrscheinlichkeiten beobachtbarer Daten aufgrund der Formeln eines Modells eindeutig berechnen. Es stellt sich nun die Frage, ob die Funktion, die jedem Punkt des Parameterraumes ein Wahrscheinlichkeitsmaß auf der Menge aller möglichen Daten zuordnet, umkehrbar eindeutig ist oder nicht. Ist sie umkehrbar eindeutig, so kann man aus gegebenen Wahrscheinlichkeiten die Werte der freien Parameter berechnen, und wir nennen das Modell ›*identifizierbar*‹. Sind die Parameterwerte in keinem Fall aus den Wahrscheinlichkeiten zu ermitteln, so ist das Modell ›*nicht identifizierbar*‹. Schließlich gibt es noch die dritte Möglichkeit, daß eine Bestimmung der Parameterwerte für bestimmte Wahrscheinlichkeiten möglich ist, für andere dagegen nicht. Modelle mit dieser Eigenschaft heißen ›*lokal identifizierbar*‹.

In vielen Fällen läßt sich die Identifizierbarkeit eines Modells leicht nachweisen. Betrachten wir das Alles-oder-Nichts-Modell. Mit den Wahrscheinlichkeiten eines empirischen Datensatzes sind auch die Wahrscheinlichkeiten für eine falsche Reaktion auf der ersten und der zweiten Stufe des betrachteten Prozesses q_1 und q_2 gegeben.

Aus

$$q_1 = (1 - g)$$

und $q_2 = (1 - g)(1 - c)$

folgt direkt:

$$g = 1 - q_1, \quad c = 1 - q_2/q_1. \qquad [7.2.1]$$

Beide Formeln unter [7.2.1] ergeben für beliebige mögliche Werte von q_1 und q_2 eindeutige Lösungen für g und c. Damit ist die Identifizierbarkeit des Alles-oder-Nichts-Modells nachgewiesen.

Wesentlich komplizierter ist im allgemeinen der Nachweis der Nicht-Identifizierbarkeit eines gegebenen Modells. Die Tatsache, daß die Parameterwerte aus bestimmten Datenwahrscheinlichkeiten nicht eindeutig berechnet werden können, ist dafür nicht hinreichend, da immer noch die Möglichkeit der Berechnung aus anderen als den betrachteten Wahrscheinlichkeiten verbleibt. Es muß also zunächst geklärt werden, welche Arten von Wahrscheinlichkeiten die meiste Dateninformation berücksichtigen.

7.3 Wahrscheinlichkeiten von Beobachtungsfolgen

Jedes stochastische Lernmodell faßt jeden individuellen Lernprozeß als eine Folge von Zuständen und Ereignissen auf, die bestimmten in Kapitel 3 genannten Restriktionen genügt. Da im allgemeinen Fall bestimmte Ereignisse durch Beobachtung nicht unterscheidbar sind, können wir diese jeweils zu einer Klasse zusammenfassen, die ein *beobachtbares Ereignis* genannt wird. Empirisch registrierbar ist bei einem Lernprozeß lediglich eine Folge beobachtbarer Ereignisse.

Als *Beobachtungsfolge* bezeichnen wir die Folge beobachtbarer Ereignisse eines individuellen Lernprozesses.

Jeder solchen Beobachtungsfolge kommt unter den Annahmen eines Modells eine bestimmte Wahrscheinlichkeit zu, die als Funktion der freien Parameter darstellbar ist. Wir untersuchen zunächst die Frage, wie die *Wahrscheinlichkeit einer Beobachtungsfolge* bestimmt werden kann. Dabei ist zu berücksichtigen, daß im allgemeinen verschiedene Folgen von Elementarzuständen und Elementarereignissen die gleiche Beobachtungsfolge ergeben. Es sei b eine Beobachtungsfolge und F(b) die Klasse aller elementaren Zustands-Ereignis-Folgen, die bei eben diesem b möglich sind. Die in Kapitel 2 und 3 eingeführten allgemeinen Prinzipien stochastischer Lernmodelle ermöglichen

1. die Berechnung der Wahrscheinlichkeit einer jeden elementaren Zustands-Ereignis-Folge und
2. die Bestimmung der Wahrscheinlichkeit von b durch einfache Addition der Wahrscheinlichkeiten der elementaren Folgen aus F(b).

Das praktische Vorgehen sei am Beispiel des Alles-oder-Nichts-Modells demonstriert. Da wir beim einfachen Paarlernen nur eine einzige Reiz-Reaktions-Kombination betrachten, und da auf der Seite der Reaktionen nur zwischen ›richtig‹ und ›falsch‹ unterschieden wird, ist jede Beobachtungsfolge schlicht eine Folge richtiger (+) und falscher (−) Reaktionen. In einem konkreten Einzelfall liege die Folge

[7.3.1] $$b = \langle +, -, -, +, +, +, -, +, +, +, +, \ldots \rangle$$

vor, wobei unterstellt sei, daß der letzten angegebenen Reaktion nur richtige Reaktionen folgen. Da nach den Annahmen des Modells bis zur Position des letzten Fehlers einschließlich Zustand U gegeben sein muß, ist für den ersten Teil der Beobachtungsfolge auch die Folge der Elementarzustände festgelegt. Unbekannt ist, auf welcher Position nach dem letzten Fehler der Übergang von U nach C erfolgt. Zur Menge F(b) gehören also folgende Zustands-Ereignis-Folgen:

$$\langle U, +, U, -, U, -, U, +, U, +, U, +, U, -, C, +, C, +, C, +, \ldots \rangle,$$
$$\langle U, +, U, -, U, -, U, +, U, +, U, +, U, -, U, +, C, +, C, +, \ldots \rangle,$$
$$\langle U, +, U, -, U, -, U, +, U, +, U, +, U, -, U, +, U, +, C, +, \ldots \rangle,$$

und so weiter.

Wegen der Unabhängigkeit aller Zustandswahrscheinlichkeiten von allem außer dem vorhergegangenen Zustand und der Reaktionswahrscheinlichkeiten von allem außer dem gegebenen Zustand lassen sich die Wahrscheinlichkeiten dieser Zustands-Ereignis-Folgen leicht berechnen als

[7.3.2] $$p(Z_1)\,p(R_1|Z_1)\prod_{i=2}^{\infty} p(Z_i|Z_{i-1})\,p(R_i|Z_i).$$

Setzen wir die spezifischen Formeln des betrachteten Modells ein, dann erhalten wir für die oben aufgeführten elementaren Folgen direkt die Wahrscheinlichkeiten

[7.3.3] $$(1-c)^{L-1}(1-g)^T g^{L-T} c,$$
$$(1-c)^{L-1}(1-g)^T g^{L-T}(g(1-c))\,c,$$
$$(1-c)^{L-1}(1-g)^T g^{L-T}(g(1-c))^2 c,$$
und so weiter.

Dabei steht – wie auch schon in früheren Kapiteln dieses Buches – L für die Nummer der Position des letzten Fehlers und T für die Gesamtzahl der Fehler im betrachteten

Lernprozeß. Da keine zwei verschiedenen Zustände und/oder Ereignisse an gleicher Position auftauchen können, sind alle Elemente von F(b) paarweise unvereinbar. Wir erhalten somit die Wahrscheinlichkeit der Beobachtungsfolge b als

[7.3.4] $$p(b)=(1-c)^{L-1}(1-g)^{T}g^{L-T}c\sum_{i=0}^{\infty}(g(1-c))^{i}=$$
$$=(1-c)^{L-1}(1-g)^{T}g^{L-T}\frac{c}{1-(g(1-c))}.$$

Analog kann man für jedes beliebige Modell und jede beliebige Beobachtungsfolge die zugehörige Wahrscheinlichkeit ableiten.
Da die betrachteten Beobachtungsfolgen alle überhaupt empirisch zugänglichen Informationen enthalten, lassen sich aus den p(b) die Wahrscheinlichkeiten, Verteilungen und Verteilungskennwerte aller beliebigen abgeleiteten Statistiken, wie wir sie in den Kapiteln 5 und 6 kennengelernt haben, berechnen. Ist ein Modell identifizierbar, so müssen mithin die Parameter aus den p(b) berechenbar sein. Nun ist p(b) eine Funktion empirischer Daten b und bestimmter Parameter $a_1, a_2, \ldots$, die wir zur Parametermenge A zusammenfassen wollen. Kann man zeigen, daß eine Aufteilung der Parametermenge A in zwei disjunkte und erschöpfende Teilmengen A_1 und A_2 derart existiert, daß für beliebiges b und beliebiges p(b) eine Funktion

$$f_{p(b)}: A_1 \to A_2$$

derart existiert, daß

[7.3.5] $$p(b,a_1,f_{p(b)}(a_1))=p(b,a'_1,f_{p(b)}(a'_1)) \quad \text{für } a_1 \neq a'_1$$

gilt, so ist die Nicht-Identifizierbarkeit des Modells nachgewiesen. [7.3.5] besagt nichts anderes, als daß man bei gegebener Wahrscheinlichkeit einer empirischen Folge eine Veränderung der Werte bestimmter freier Parameter (aus A_1) durch eine entsprechende Veränderung der Werte anderer Parameter (aus A_2 gemäß der Funktion $f_{p(b)}$) kompensieren kann. Damit erzeugen verschiedene Punkte des Parameterraumes die gleiche Verteilung empirischer Daten.

7.A In Modellausdrücken werden Wahrscheinlichkeiten, Verteilungen und Verteilungskennwerte als Funktionen verschiedener *Variablen* dargestellt. Variablen, von denen die Wahrscheinlichkeiten elementarer Zustands-Ereignis-Folgen abhängen, heißen *freie Parameter*. *Kontrollierbare Variablen* hingegen regeln die Zusammenfassung solcher Folgen zu Klassen, über deren Wahrscheinlichkeiten Aussagen gemacht werden.

7.B Jeder Modellausdruck behauptet die Existenz bestimmter Werte der *freien Parameter* derart, daß eine bestimmte Aussage für *alle möglichen Werte* der *kontrollierbaren Variablen* gilt.

7.C Der *Parameterraum* eines Modells ist die Menge aller zulässigen Wertekombinationen der freien Variablen. Jeder Punkt des Parameterraumes (also jede zulässige Kombination von Wertzuweisungen für die freien Parameter) *erzeugt* eine Verteilung auf der Menge aller möglichen Beobachtungsfolgen.

7.D Ein Modell ist *identifizierbar*, wenn jeder Verteilung auf der Menge der Beobachtungsfolgen eindeutig ein Punkt des Parameterraumes entspricht, der diese Verteilung erzeugt. Gilt dies nur für eine Teilmenge aller möglichen Verteilungen, so ist das Modell *lokal identifizierbar*.

7.4 Schätzungen und ihre Eigenschaften

Bei einem identifizierbaren Modell sind die Werte der freien Parameter aus den Wahrscheinlichkeiten von Beobachtungsdaten berechenbar. In der Praxis kennen wir diese Wahrscheinlichkeiten nicht. Stattdessen liegen bestenfalls endlich viele endliche Beobachtungsfolgen vor. Häufig sind auch nur bestimmte abgeleitete Daten aus Beobachtungsfolgen bekannt. Dies ist etwa der Fall, wenn wir einen Lernprozeß nicht durchgängig kontrollieren, sondern lediglich nach einer bestimmten Zeit ein Resultat registrieren. Es ergibt sich die Aufgabe, für gegebene Daten einen Punkt des Parameterraumes als *Schätzung* festzulegen, der vorliegende Informationen in einem zu spezifizierenden Sinne möglichst gut beschreibt.

Das Schätzproblem taucht sowohl bei der Überprüfung der Angemessenheit verschiedener Modelle für bestimmte Prozesse als auch bei der Verwendung von Modellen im Rahmen anderer Problemstellungen auf. Aus bestimmten Teilinformationen über Experimente oder Alltagsbeobachtungen lassen sich Parameter schätzen. Unter Benutzung der Schätzergebnisse kann man dann Wahrscheinlichkeiten und/oder Verteilungskennwerte anderer Statistiken des Datenmaterials ableiten, um diese Modellvorhersagen mit den entsprechenden Daten zu vergleichen. Bei Atkinson, Bower und Crothers (1965, S. 116f.) findet man einen Vergleich zwischen dem Alles-oder-Nichts-Modell und dem einfachen linearen Modell. Sie schätzten die Ratewahrscheinlichkeit g als Reziprokwert der Anzahl zur Verfügung stehender Reaktionsalternativen und $(1-c)$ bzw. α aufgrund der jeweiligen Modellformel für den Erwartungswert der Fehlergesamtzahl, für den die mittlere empirische Fehlergesamtzahl eingesetzt wurde. Mit den entsprechenden empirischen Informationen wurden verglichen die Modellvorhersagen für

Varianz der Fehlergesamtzahl,
mittlere Fehlerzahl vor der ersten richtigen Reaktion,
mittlere Positionsnummer des letzten Fehlers,
Varianz der genannten Positionsnummern,
Gesamtzahl aller Fehlerfolgen,
Anzahl der Fehlerfolgen der Längen 1, 2, 3 und 4,
Zahl der Fehlerpaare mit einem Abstand von 1, 2 und 3,
Zahl der Wechsel zwischen falschen und richtigen Reaktionen,
Wahrscheinlichkeit einer richtigen Reaktion nach einem Fehler.

Hier zeigte sich, wie auch bei anderen Untersuchungen, die identische Parameter für verschiedene individuelle Prozesse unterstellen, eine bessere Datenanpassung beim Alles-oder-Nichts-Modell gegenüber dem gegen Parameterunterschiede sensitiveren einfachen linearen Modell.

Die Literatur ist voll von Modellvergleichen dieser Art, die aufgrund von Teilinformationen Parameter schätzen um dann Vergleiche für andere Teilinformationen durchzuführen. Dabei ist ein solches Vorgehen keinesfalls optimal, da die Ergebnisse unter anderem von der Qualität des jeweils benutzten Schätzverfahrens abhängen. Günstiger wäre es, aus Modellen Aussagen abzuleiten, die für alle Punkte des Parameterraumes gelten, und diese dann zu kontrollieren. Solche *parameterfreien Modellkontrollen* sind jedoch aus zwei Gründen selten. Einmal ist es schwierig, parameterfreie Eigenschaften zu finden, die zwischen verschiedenen Modellen diskriminieren. Zum anderen kann man für einen Satz parameterfreier Eigenschaften oft nicht nachweisen, daß diese notwendig und hinreichend für die Gültigkeit eines bestimmten Modells oder einer bestimmten Modellklasse sind.

Bei einer Untersuchung über den Zusammenhang zwischen bestimmten Persönlichkeitsvariablen und dem individuellen Lerntempo bei einfachen Lernaufgaben mag es unter Umständen sinnvoll sein, Informationen über die veränderte Häufigkeit des Auftretens richtiger Reaktionen in einer Lernsituation zu benutzen, um einen Tempoparameter wie c oder $1-\alpha$ zu schätzen, der dann wiederum einer weiteren Analyse zugeführt wird. Ist es in einem Experiment aus verschiedenen Gründen notwendig, die gleichen Versuchspersonen hintereinander mit verschiedenen Aufgaben zu konfrontieren, so kann man über die Schätzung der Parameter eines adäquaten Lernmodells Vorhersagen über einen allgemeinen Lernfortschritt machen. Die weitere Analyse könnte in einem solchen Fall auf den Abweichungen von der Modellvorhersage basieren. Dieses Vorgehen entspräche einer Art Kovarianzanalyse mit der Versuchsnummer als Kovariate, die aber nicht zu einer linearen Vorhersage benutzt wird, sondern zu einer, deren Form durch das benutzte Modell determiniert ist. Beide Beispiele zeigen, daß auch außerhalb des Bereichs der Kontrolle und des Vergleichs von Modellen Schätzprobleme auftauchen. Dabei ist es unter Umständen sinnvoll, nicht die im Modell ursprünglich eingeführten Parameter zu schätzen, sondern bestimmte Funktionen davon. Ein Lernprogramm zur Vermittlung fremdsprachiger Vokabeln könnte etwa so vorgehen, daß nach jeder Sitzung für jede Vokabel auf der Basis des Alles-oder-Nichts-Modells die Wahrscheinlichkeit geschätzt wird, mit der eben diese Vokabel noch im Zustand U ist. Die nächste Sitzung wäre dann so zu planen, daß die mit hoher Wahrscheinlichkeit in U befindlichen Vokabeln wiederholt werden. Hier interessiert als ein Parameter $p(U|n)$ für vorgegebenes n. In den ›Stanford-Reading-Studies‹ (Atkinson und Paulson 1972) wurden Untersuchungen dieser Art beim Erlernen von Kisuaheli durchgeführt. Ist n die laufende Nummer eines Lerntages, so wurden für den Tag $n+1$ jeweils die Lerninhalte vorgesehen, für die die Differenz $p(+|n+1)-p(+|n)$ möglichst groß war. Dabei ergab sich beim Vergleich der Effekte für Schätzungen aus verschiedenen Modellen eine Überlegenheit des RTI-Modells (gegenüber dem einfachen linearen und dem Alles-oder-Nichts-Modell), das zu einem Prozeß mit vielen Fehlern bei optimalen Behaltensleistungen führte.

Grundsätzlich ist das *Schätzproblem* beim Umgang mit stochastischen Lernmodellen von gleicher Art wie bei allen statistischen Schätzungen. Wir können uns daher auf einige wesentliche Anmerkungen beschränken. Gegeben ist stets ein *Datensatz*, der bestenfalls aus einer endlichen Menge endlich langer Beobachtungsfolgen besteht. Wir fassen diesen Datensatz D als Zufallsstichprobe einer *Population* X auf. In der Population X hat jeder Datensatz die Wahrscheinlichkeit, die ein bestimmter Punkt des Parameterraumes des jeweiligen Modells erzeugt. Dieser Punkt des Parameterraumes ist der ›wahre Wert‹ a_0. Ein *Schätzverfahren* gestattet für jeden Datensatz der Größe n die Berechnung einer Schätzung

[7.4.1] $\hat{a}=F(D_n)$,

wobei die Funktion F als ›Schätzfunktion‹ bezeichnet wird. Betrachten wir alle bei gegebener Population X und gegebenem a_0 möglichen Datensätze der Größe n mit den ihnen zukommenden Wahrscheinlichkeiten, so läßt sich bei gegebener Schätzfunktion F eine Verteilung

[7.4.2] $p_n(\hat{a}|a_0)$

ableiten. Es existieren also Wahrscheinlichkeiten oder zumindest Wahrscheinlichkeitsdichten für die verschiedenen möglichen Ergebnisse eines Schätzverfahrens bei gegebenem wahren Wert. Als ›beste Schätzung‹ bezeichnet man ein Verfahren, bei dem ein geeignetes Maß des mittleren Unterschiedes zwischen den Schätzergebnissen und dem wahren

Punkt des Parameterraumes minimal ist. Im Falle des eindimensionalen Parameterraumes soll der Erwartungswert der quadrierten Differenzen

[7.4.3] $E((\hat{a} - a_0)^2)$

ein Minimum bilden. Ein Verfahren mit dieser Eigenschaft existiert nicht in jedem Fall.

7.5 Maximum-Likelihood-Schätzungen

Eines der wichtigsten Verfahren zur Schätzung der Werte freier Parameter bei stochastischen Modellen ist die *Maximum-Likelihood-Schätzung.* Dabei wird

> bei gegebenem Datensatz D als Schätzung jener Punkt des Parameterraumes gewählt, für den die Wahrscheinlichkeit
>
> $p(D|a)$
>
> als Funktion von a ein Maximum ergibt.

Statt $p(D|a)$ kann man auch – da ja nur ein Extremwert gesucht ist – eine beliebige für gegebenes D streng monotone Funktion dieser Wahrscheinlichkeit benutzen. Solche Funktionen heißen ›*Likelihood-Funktionen*‹.

Betrachten wir das *Alles-oder-Nichts-Modell.* Es liege ein Datensatz aus k verschiedenen Beobachtungsfolgen b_j vor. Jede Folge sei so lang, daß sie den jeweiligen letzten Fehler, der nach den Annahmen des Modells existieren muß, enthalte. Wir können also jede der Folgen durch beliebig viele richtige Reaktionen verlängern und so als unbegrenzt auffassen. In [7.3.4] haben wir bereits eine Formel für die Wahrscheinlichkeit einer solchen Folge angegeben.

Wir machen die übliche Stichproben-Annahme, daß alle vorliegenden Beobachtungsfolgen unabhängig voneinander gewonnen wurden und einer Population mit gleichem wahren Punkt im Parameterraum entstammen. Damit ist die Wahrscheinlichkeit des gesamten Datensatzes

[7.5.1] $p(D) = \prod_{j=1}^{k} p(b_j).$

Setzen wir für jedes $p(b_j)$ die rechte Seite von [7.3.4] ein, so erhalten wir einen Ausdruck, bei dem in den Exponenten die Summen der Fehlerzahlen und der Positionsnummern des jeweils letzten Fehlers über alle k Beobachtungsreihen hinweg auftauchen. Wir benutzen jetzt die Buchstaben T und L für eben diese Summen. Dann ist

[7.5.2] $$p(D) = (1-c)^{L-k}(1-g)^T g^{L-T} \left(\frac{c}{1-(g(1-c))}\right)^k.$$

Da p(D) stets nicht-negativ ist, ergibt die k-te Wurzel eine monotone Transformation und mithin eine Likelihood-Funktion, deren Maximum an gleicher Stelle liegt wie das von p(D). Wir führen diese Transformation durch und erhalten

[7.5.3] $$L(D) = (1-c)^{\bar{L}-1}(1-g)^{\bar{T}} g^{\bar{L}-\bar{T}} \frac{c}{1-(g(1-c))}.$$

Dabei ist $\bar{L}$ das arithmetische Mittel der Positionen des letzten Fehlers über alle k Prozesse und $\bar{T}$ das arithmetische Mittel der Gesamt-Fehlerzahlen. Zur Vereinfachung der folgenden Ableitungen empfiehlt es sich, noch eine weitere monotone Transformation durch Logarithmierung von [7.5.3] anzuschließen. Dies führt auf die neue Likelihood-Funktion

[7.5.4] $$L'(D)=(\bar{L}-1)\ln(1-c)+\bar{T}\ln(1-g)+(\bar{L}-\bar{T})\ln(g)+\ln(c)-\ln(1-(g(1-c)))\,.$$

Extrempunkte einer Funktion findet man bekanntlich durch Nullsetzung der ersten Ableitungen. Wir müssen also [7.5.4] nach c und nach g partiell differenzieren. Dies ist einfach, da sich die Ableitung von ln(x) als 1/x ergibt. Ansonsten werden außer den üblichen Differenzierungsregeln, die zum normalen Unterrichtsstoff höherer Schulen gehören, im vorliegenden Fall keine ausgefallenen Tricks benötigt. Als Ergebnis des Differenzierens erhält man

[7.5.5] $$\frac{\partial L'}{\partial g} = -\frac{\bar{T}}{1-g} + \frac{\bar{L}-\bar{T}}{g} + \frac{1-c}{1-(1-c)g},$$

$$\frac{\partial L'}{\partial c} = -\frac{L-1}{1-c} + \frac{1}{c} - \frac{g}{1-(1-c)g}.$$

Jene Werte für c und g, bei denen L' maximal ist, erhalten wir durch Nullsetzung dieser Ableitungen. Dabei bezeichnen wir die sich ergebenden Schätzungen als $\hat{c}$ und $\hat{g}$. Einfache Umformungen führen auf die beiden Gleichungen

[7.5.6] $$\frac{\bar{T}}{1-\hat{g}} = \bar{L} + \frac{\hat{g}(1-\hat{c})}{1-\hat{g}(1-\hat{c})},$$

$$\bar{L} = \frac{1}{\hat{c}} - \frac{\hat{g}(1-\hat{c})}{1-\hat{g}(1-\hat{c})},$$

deren Auflösung keine besonderen Schwierigkeiten bereitet. Über das Vorzeichen der zweiten Ableitung von L' an der Stelle $\langle \hat{c}, \hat{g} \rangle$ wäre noch nachzuweisen, daß in der Tat ein Maximum und kein Minimum gefunden wurde. Auf diesen Nachweis sei hier verzichtet.

Wir sehen nun, daß zur Parameterschätzung beim Alles-oder-Nichts-Modell die Kenntnis der Position des letzten Fehlers und der Gesamtzahl der Fehler ausreicht. Weitere Dateninformationen werden nicht benötigt. Derartige Statistiken, die zu Schätzungen führen, die durch weitere Informationen aus dem Gesamt-Datensatz nicht verbessert werden können, heißen ›*erschöpfende Statistiken*‹. Nimmt man an, g sei eine als Reziprokwert der Anzahl von Reaktionsalternativen kontrollierbare Variable, so entfällt die erste Ableitung in [7.4.5]. Die zweite Ableitung enthält an Dateninformation nur $\bar{L}$. Damit ist die Positionsnummer des letzten Fehlers eine erschöpfende Statistik für c.

Man sollte stets beachten, daß die *Maximum-Likelihood-Schätzung* eines Parametersatzes eine Reihe bedeutender *Vorteile* mit sich bringt. Insbesondere gilt (siehe etwa Bush 1963, S. 435):

1. sofern eine ›*beste Schätzung*‹ im Sinne der Ausführungen auf Seite 61 existiert, wird diese durch die Maximum-Likelihood-Methode erreicht;
2. sofern eine *erschöpfende Statistik* existiert, wird diese durch die genannte Methode gefunden;
3. zu jeder Maximum-Likelihood-Schätzung ist auch der *Schätzfehler* (Standardabweichung der Verteilung der Schätzungen) bestimmbar.

Demgegenüber fällt die Tatsache, daß Maximum-Likelihood-Schätzungen häufig nicht erwartungstreu sind, nur wenig ins Gewicht. Dabei ist zu beachten, daß wegen der Eigenschaften einer besten Schätzung der Fehler $E(\hat{a})-a_0$ ohnehin mit wachsender Stichprobengröße dem Betrag nach abnimmt.

7.6 Einige weitere Schätzverfahren

Es sollen nun die Prinzipien einiger weiterer Schätzverfahren skizziert werden, die in der einschlägigen Literatur häufig anzufinden sind. Für bestimmte Kenngrößen und bei Verwendung entsprechend ausgewählter statistischer Kennwerte als Schätzgrundlage ergeben zumindest einige dieser Verfahren Schätzwerte, die bei hinreichend großen Datenmengen nur unwesentlich von Maximum-Likelihood-Schätzungen verschieden und oft einfacher zu berechnen sind.

Eine der ältesten Schätztechniken ist Pearson's *Moment-Methode.* Eine Zufallsvariable X besitze eine theoretische Verteilung, die von k Parametern abhängt. Man leitet dann die ersten k voneinander unabhängigen Momente (Mittelwert, Varianz, Schiefe, Exzeß und so weiter) als Funktionen der Parameter ab. In die entstehenden Gleichungen setzt man für die Momente die entsprechenden empirischen Werte ein und löst das System nach den Parametern auf.

Lernmodelle machen Aussagen über die Verteilungen mehrerer verschiedener Variablen. Bei mehr als einer Variablen ist aber nicht mehr klar entscheidbar, was die »ersten« k Momente sind. Stellen wir uns ein System mit zwei Zufallsvariablen X_1 und X_2 und 4 Parametern vor. Welche Momente sollen wir zur Parameterschätzung heranziehen? Mittelwerte und Varianzen der beiden Variablen, oder Mittelwerte beider Variablen, Varianz einer der beiden Variablen und Kovarianz, oder was sonst? Solche Überlegungen legen nahe, das geschilderte Schätzprinzip nicht auf die »ersten Momente« anzuwenden, sondern auf irgendwelche geeignet erscheinenden Verteilungskennwerte irgendwelcher Variablen. Man erhält dann ein Verfahren, das von einigen Autoren als *modifizierte Moment-Methode* (z. B. Bush, 1963, S. 436ff.), von anderen als *Methode der ›matched statistics‹* (z. B. Restle und Greeno 1970, S. 310ff.) bezeichnet wird.

Die Tatsache, daß die meisten Modelle für T und L relativ geringe Varianzen vorhersagen, spricht dafür, genau diese Statistiken für die modifizierte Moment-Methode zu benutzen. Man kann daraus schließen, daß empirische T- und L-Werte nur wenig von den Populationsmittelwerten abweichen. Andererseits haben wir bereits auf Seite 50 darauf hingewiesen, daß keine endliche Beobachtung eines Lernprozesses sichern kann, daß der letzte Fehler wirklich beobachtet wird, und daß ein sinnvoll begründetes Abbruchkriterium bereits Schätzungen voraussetzt. Die theoretische Genauigkeit dieser Werte wird also durch eine praktische Ungenauigkeit möglicherweise kompensiert. Dies ist einer der Gründe dafür, daß in manchen Untersuchungen nur solche Statistiken für die modifizierte Moment-Methode herangezogen werden, die in jedem Fall auf einer endlichen Beobachtungsfolge basieren. Jedes Modell gestattet die Darstellung der mittleren Fehlerzahl vor der ersten richtigen Reaktion als Funktion der Parameter. Dies ist daher eine recht beliebte Statistik für den Einsatz der modifizierten Moment-Methode. Recht geeignet ist als weiterer Kennwert die Zahl der Felder bei den ersten N Versuchen.

Dem Vorteil einfacher Rechenprozeduren steht bei der modifizierten Moment-Methode der Nachteil des Verzichts auf eine große Menge von Dateninformation gegenüber. Modelle gestatten Aussagen über wesentlich mehr Zufallsvariablen als der Anzahl der freien Parameter entspricht. Liegen nun Werte von Zufallsvariablen $X_1, X_2, X_3, \ldots X_i, \ldots$ vor, deren Anzahl größer ist als die Parameterzahl, und die überdies nicht direkt voneinander abhängen, so kann man nicht mehr jeden Wert oder Mittelwert einer jeden Variablen gleich dem entsprechenden Erwartungswert als Funktion der Parameter setzen. Dies gäbe in fast allen Fällen ein widersprüchliches und damit unlösbares Gleichungssystem. Die *Methode der kleinsten Quadrate* geht so vor, daß sie die Summe der quadrierten Abweichungen zwischen Werten und theoretischen Erwartungswerten

[7.6.1] $\sum(X_i - E(X_i))^2$

minimiert. Da die $E(X_i)$ Funktionen der freien Parameter sind, führt Nullsetzung der partiellen Ableitungen von [7.6.1] auf die gewünschten Schätzwerte. Dies macht allerdings nur dann Sinn, wenn man unterstellen kann, daß die verschiedenen möglichen Abweichungswerte unabhängig von der Größenordnung von $E(X_i)$ sind. Anders ausgedrückt: für jedes i muß der Erwartungswert der quadrierten Abweichung gleich groß sein. Diese Forderung der sogenannten ›Homoskedastizität‹ dürfte den meisten Lesern aus dem Umgang mit der Methode der kleinsten Quadrate bei der Berechnung linearer Regressionen wohlbekannt sein.

Hängen die Abweichungen von der Größenordnung der Erwartungswerte ab, was insbesondere bei empirischen Häufigkeiten und deren Abweichung von der jeweiligen theoretisch erwarteten Häufigkeit der Fall ist, dann liegt es nahe, statt [7.6.1] den Ausdruck

$$[7.6.2] \qquad \sum \frac{(X_i - E(X_i))^2}{E(X_i)}$$

zu minimieren. Diese Technik läuft unter der Bezeichnung ›*Chi-Quadrat-Methode*‹.

Da beide Methoden oft auf Zufallsvariablen angewandt werden, die als Reaktionshäufigkeiten aufzufassen sind, wollen wir diesen Fall noch etwas näher betrachten. Es mögen k individuelle Lernprozesse vorliegen. Auf jeder Stufe j bezeichne n_j die Zahl der falschen Reaktionen auf eben dieser Stufe, $(k-n_j)$ ist dann die Zahl der richtigen Reaktionen. Für jede Stufe gibt es zwei Zufallsvariablen, nämlich ›Zahl der richtigen Reaktionen‹ mit dem Erwartungswert $k(1-q_j)$ und ›Zahl der falschen Reaktionen‹ mit dem Mittel kq_j, wobei q_j für die Wahrscheinlichkeit eines Fehlers auf Stufe j steht. Die Methode der kleinsten Quadrate minimiert die Summe

$$[7.6.3] \qquad \sum [(n_j - kq_j)^2 + ((k-n_j) - k(1-q_j))^2]$$

Einfache Umformungen zeigen, daß dies gleich dem Doppelten der Summe

$$[7.6.4] \qquad \sum (n_j - kq_j)^2$$

ist. Es wird also schlicht der Ausdruck in [7.6.4] minimiert. Bei der Chi-Quadrat-Methode dagegen werden die Parameterschätzungen so gewählt, daß für den gleichen Fall

$$[7.6.5] \qquad \sum \left[\frac{(n_j - kq_j)^2}{kq_j} + \frac{((k-n_j) - k(1-q_j))^2}{k(1-q_j)}\right]$$

minimal wird. Elementare Umformungen gestatten es, [7.6.5] zu überführen in

$$[7.6.6] \qquad \sum \frac{(n_j - kq_j)^2}{kq_j(1-q_j)}.$$

Der Vergleich von [7.6.4] mit [7.6.6] zeigt recht klar den Unterschied zwischen der Methode der kleinsten Quadrate und der Chi-Quadrat-Technik. Wir haben unterstellt, die Häufigkeiten n_j stammen aus unterschiedlichen und unabhängigen individuellen Lernprozessen mit gleichen Parametern. Für jedes j ist dann n_j die Häufigkeit eines Ereignisses bei k Versuchen, wobei dem Ereignis selbst die Wahrscheinlichkeit q_j zukommt. Solche Häufigkeiten sind bekanntlich binomial-verteilt mit Mittelwert kq_j und Varianz $kq_j(1-q_j)$. Die Chi-Quadrat-Methode gewichtet nun jedes Abweichungsquadrat mit dem Reziprokwert der Varianz, minimiert also eine Summe individuell standardisierter Werte. Genau diese Gewichtung fehlt bei der Methode der kleinsten Quadrate. Diese Überlegungen gelten analog für einen einzelnen Lernprozeß mit $k=1$.

Es sei noch darauf hingewiesen, daß die Anwendung der beiden zuletzt vorgestellten Schätzmethoden nicht auf die direkten Häufigkeiten der Reaktionen in Lernkurven beschränkt ist. Eine Untersuchung von Atkinson und Crothers (1964) wendet beispielsweise die Chi-Quadrat-Technik auf die Häufigkeiten der 32 möglichen Folgen von ›richtig‹ und ›falsch‹ auf der zweiten bis fünften Stufe eines Lernprozesses an und berücksichtigt so Abfolgeeigenschaften, da die mittlere Lernkurve – wie bereits in Kapitel 5 gezeigt wurde – häufig zwischen verschiedenen Modellen nicht zu differenzieren gestattet. Auch die Erwartungswerte dieser Häufigkeiten sind als Funktionen der jeweiligen Modellparameter darstellbar.

Fast alle Schätzverfahren, die man in der Literatur findet, sind – soweit es sich nicht um Maximum-Likelihood-Schätzungen handelt – als direkte Anwendungen oder als Varianten einer der hier vorgestellten Methoden darstellbar.

7.E Jede Schätzung der freien Parameter eines identifizierbaren Modells geht von der Annahme aus, ein empirisch gegebener Datensatz sei als Stichprobe aus einer Population aufzufassen, deren Verteilung von einem Punkt a_0 des Parameterraumes des jeweiligen Modells erzeugt wird. a_0 wird auch ›*wahrer Wert*‹ genannt.

7.F Eine *beste Schätzung* ist ein Verfahren, das die mittlere quadratische Abweichung der von einer *Schätzfunktion* gelieferten Schätzungen (bei allen möglichen Datensätzen aus der gleichen Population) vom wahren Wert minimiert.

7.G Jeder Punkt des Parameterraumes erzeugt Wahrscheinlichkeiten für alle möglichen Stichproben von Beobachtungsfolgen, die als ›Datensätze‹ bezeichnet werden. Die als Funktion des Parameterpunktes betrachtete Wahrscheinlichkeit eines gegebenen Datensatzes oder jede streng monotone Funktion davon ist eine ›*Likelihood-Funktion*‹.

7.H Eine *Maximum-Likelihood-Schätzung* bestimmt bei gegebenem Datensatz jenen Punkt des Parameterraumes, an dem die Likelihood-Funktion dieses Datensatzes ein Maximum besitzt.

7.I Die *modifizierte Moment-Methode* (auch Methode der ›matched statistics‹) wählt als Schätzung jene Parameterwerte, die eine Gleichheit zwischen ausgewählten empirischen Kennwerten und den durch das Modell gegebenen zugehörigen Erwartungswerten (als Funktionen der Parameter) herstellen.

7.K Die *Methode der kleinsten Quadrate* minimiert die Summe der quadrierten Differenzen zwischen empirischen Werten und Modell-Erwartungswerten; bei der *Chi-Quadrat-Methode* wird die Summe der durch den jeweiligen Modell-Erwartungswert dividierten quadrierten Abweichungen minimiert.

7.7 Fragen

1. Zeigen Sie bitte die Identifizierbarkeit des einfachen linearen Modells.
2. Beim Alles-oder-Nichts-Modell läßt sich der Erwartungswert der Positionsnummer des letzten Fehlers als

$$E(L)=E(T)\frac{1}{1-g(1-c)}$$

ableiten. Wie kann man die Modellparameter aus Fehlergesamtzahl und Nummer des letzten Fehlers mit der modifizierten Moment-Methode schätzen?
3. Kann man die Parameter des RTI-Modells anhand einer empirischen mittleren Lernkurve (ohne Zuhilfenahme irgendwelcher Folgestatistiken, die nach Mittelung nicht mehr rekonstruierbar sind) schätzen?

7.8 Weiterführende Literatur

Probleme der Parameterschätzung werden im 9. Kapitel des Buches von Restle und Greeno (1970, S. 300–328) ausführlich abgehandelt. Dort findet man auch weitere Angaben zu der in diesem Buch benutzten Unterscheidung verschiedener Arten von Variablen und zur Abgrenzung von ›Modell‹ und ›Struktur‹. Atkinson, Bower und Crothers (1965) beschäftigen sich ebenfalls im 9. Kapitel (S. 373–396) mit Methoden der Parameterschätzung. Eine einfache, kurze und übersichtliche Information hierzu liefert auch Bush (1963). Beispiele für die Behandlung spezieller Schätzprobleme bieten unter anderem Kraemer (1964), Nahinsky (1967) und Millward (1969). Darüberhinaus sind in vielen der am Ende von Kapitel 4 angegebenen Arbeiten (Seite 37) auch Schätzverfahren abgeleitet.

Zusammenfassende Darstellungen zur Identifizierbarkeit findet man im 10. Kapitel des Buches von Restle und Greeno (1970, S. 329–353), bei Greeno (1974b) und im 8. Kapitel bei Levine und Burke (1972, S. 235–256). Grundlegende Arbeiten zu diesem Konzept – allerdings ohne Bezugsnahme auf psychologische Fragen – stammen von Wald (1950), Hurwicz (1950) und Koopmans und Reiersöl (1950). Die beiden allgemeinen und zentralen Arbeiten, die Methoden zur Analyse der Identifizierbarkeit in der Psychologie eingeführt haben, liefern Greeno und Steiner (1964, 1968). Beispiele für Anwendungen auf bestimmte Modelle kann man bei Greeno (1967, 1968b), Greeno, Millward und Merryman (1971) und Nahinsky (1973) nachlesen.

8. Lineare Operatoren in BM-Modellen

Inhalt:

Nachdem Prinzipien, Ableitungstechniken und Parameterprobleme, am Beispiel einfacher Paarlern-Prozesse exemplifiziert wurden, wenden wir uns nun allgemeineren Modellansätzen zu. Zur Einführung in den Umgang mit solchen globalen Modellen wird in diesem Kapitel die Klasse der BM-Modelle mit linearen Operatoren betrachtet.

8.1 Lineare Operatoren

Im zweiten Kapitel dieses Buches haben wir ausgeführt, daß jedes stochastische Lernmodell eine Menge von Elementarzuständen und eine Menge von elementaren Ereignissen spezifiziert. Beim einfachen Paarlernen war die Ereignismenge dahingehend eingeengt, daß alle Ereignisse zu nur zwei Reaktionsklassen gehörten (richtige und falsche Reaktionen), und daß die Zusammenfassung von Ereignissen mit gleichem Effekt bezüglich Zustandsänderungen (sogenannte Modellereignisse) auf maximal zwei Klassen führte. Diese Einschränkungen wollen wir jetzt aufgeben. Wir betrachten einen Lernprozeß, in dem auf jeder Stufe eine bestimmte Situation gegeben ist, in der eine von k möglichen Reaktionen erfolgt. Dabei sei k eine beliebig große natürliche Zahl. Variation der Situationen ist nicht vorgesehen; werden in einer Lerngeschichte verschiedene Reize vorgegeben, so mögen diesen Reizen verschiedene Lernprozesse zugeordnet sein.

Bezüglich der Modellereignisse sei keine Einschränkung vorgenommen. Wir können nach Belieben annehmen, daß etwa die Konsequenz einer Reaktion (positiv oder negativ) einen Einfluß auf die Zustandsänderung hat, daß solche Konsequenzen sich bei verschiedenen Reaktionen unterschiedlich auswirken, daß die Effekte zusätzlich von nicht-beobachtbaren Ereigniskomponenten modifiziert werden, daß möglicherweise auch eine Reiz-Reaktions-Konsequenz-Folge mit einem anderen als dem betrachteten Reiz durch Reizgeneralisierung eine Zustandsänderung hervorruft und mithin als Stufe des betrachteten Prozesses aufzufassen ist, und so weiter, und so fort. Man erhält so einen Bereich von Modellen mit großen Anwendungsfeldern, für die man je nach den spezifischen Eigenschaften eines bestimmten Lernvorganges entsprechend angepaßte Varianten definieren kann. Es dürfte sinnvoll sein, derartige generelle Ansätze am Beispiel einer bestimmten Modellart einzuführen. Wir wählen dazu die Klasse der *BM-Modelle*. Der Name geht zurück auf ein frühes Modell dieser Art, das von Bush und Mosteller ausführlich analysiert wurde (Bush und Mosteller 1955). Die genannten Autoren bezeichneten die von ihnen behandelten Varianten als ›stochastische Lernmodelle‹; die Bezeichnung ›BM-Modelle‹ taucht erst später in der Literatur auf (Iosifescu und Theodorescu 1965). Dabei empfiehlt sich die folgende Abgrenzung:

> Ein homogenes stochastisches Lernmodell ist ein *BM-Modell*, wenn die *Zustandsmenge unendlich* ist, und wenn jeder Zustand durch die *Wahrscheinlichkeiten für einen vorgegebenen Satz von Reaktionen* vollständig beschrieben wird.

Die *Gleichsetzung der Elementarzustände mit Zufallsverteilungen auf der Reaktionenmenge* bringt bei aller Variabilität der BM-Modelle eine wesentliche *Einschränkung des Geltungsbereiches* mit sich. Sie unterstellt, daß bei gleichen Reaktionswahrscheinlichkeiten in verschiedenen Prozessen der weitere Verlauf gleich ist. Diese Annahme ist nicht immer sinnvoll. So ist bekannt, daß partielle Verstärkung mit einem entsprechenden Mehraufwand von Lerndurchgängen zu den gleichen Reaktionswahrscheinlichkeiten führen kann wie vollständige Verstärkung einer bestimmten Reaktion, daß aber dennoch Unterschiede in einem anschließenden Extinktionsprozeß auftreten können. Phänomene dieser Art gehören nicht zum Geltungsbereich der BM-Modelle.
Es möge in einem Lernprozeß irgendein Elementarzustand vorliegen, der durch die Reaktionswahrscheinlichkeiten

$$\langle p_1, p_2, p_3, \ldots p_i, \ldots p_k \rangle$$

beschrieben werden kann. Weiterhin möge irgendein Modellereignis e eintreten, das diesen Zustand verändert. Entsprechend der allgemeinen Struktur stochastischer Lernmodelle existiert dann ein Operator ${}_eQ$, der den gegebenen Reaktionswahrscheinlichkeiten einen neuen Satz von Wahrscheinlichkeiten

$$\langle p'_1, p'_2, p'_3, \ldots p'_i, \ldots p'_k \rangle$$

zuweist. Wir können hier statt ${}_eQ$ zur Kennzeichnung eines beliebigen Operators für irgendein e vereinfacht Q schreiben. Q_i sei zur Kennzeichnung jener Funktion benutzt, die der Wahrscheinlichkeit für eine bestimmte mit ›i‹ gekennzeichnete Reaktion den neuen Wert p'_i zuordnet. Es sei also

$$[8.1.1] \quad \begin{aligned} &Q(\langle p_1, p_2, \ldots p_i, \ldots p_k \rangle) = \\ &= \langle Q_1(\langle p_1, p_2, \ldots p_k \rangle), Q_2(\langle p_1, p_2, \ldots p_k \rangle), \\ &\quad Q_3(\langle p_1, p_2, \ldots p_k \rangle), \ldots, Q_k(\langle p_1, p_2, \ldots p_k \rangle) \rangle . \end{aligned}$$

Nun gilt für eine recht große Klasse reellwertiger Funktionen, daß sie sich durch Polynome darstellen lassen. Bush und Mosteller (1955, S. 20) unterstellen, daß die Berücksichtigung der *linearen Glieder* eines solchen Polynoms für jedes Q_i eine *praktisch hinreichende Approximation* ist. Damit läßt sich allgemein schreiben:

$$[8.1.2] \quad p'_i = a_{i0} + a_{i1} p_1 + a_{i2} p_2 + \ldots + a_{ik} p_k .$$

Dieses Argument der ›*angenäherten Brauchbarkeit*‹ mag vielen Lesern nicht hinreichend stark erscheinen. Wir werden später noch eine andere Begründung für die Verwendung linearer Operatoren kennenlernen.

Da die p_i Wahrscheinlichkeiten paarweise unvereinbarer Reaktionsmöglichkeiten sind, und da das System der betrachteten Reaktionen in dem Sinne vollständig sein soll, daß jede mögliche Reaktion einer der Alternativen zuzurechnen ist, muß die Summe aller p_i gleich Eins sein. Es ist mithin

[8.1.3] $a_{i0} = a_{i0}(p_1 + p_2 + \ldots + p_k)$.

Setzen wir in [8.1.2] für a_{i0} die rechte Seite von [8.1.3] ein und ordnen die Klammern um, so erhalten wir

[8.1.4] $p'_i = (a_{i0} + a_{i1})p_1 + (a_{i0} + a_{i2})p_2 + \ldots + (a_{i0} + a_{ik})p_k$.

Zusätzlich wird nun $(a_{i0} + a_{ij})$ durch u_{ij} ersetzt. Dann gilt:

[8.1.5] $p'_i = u_{i1}p_1 + u_{i2}p_2 + \ldots + u_{ik}p_k$.

Das ist eine *lineare Funktion ohne Absolutglied.* Die Gesamtheit aller Umrechnungsvorschriften für die einzelnen Reaktionsalternativen bei der Änderung eines Zustandes auf der Basis eines vorgegebenen Modellereignisses bezeichnen wir als *linearen Operator.*

Ein *linearer Operator* Q ordnet einer Verteilung auf der Menge der Reaktionsalternativen

$$\langle p_1, p_2, p_3, \ldots p_i, \ldots p_k \rangle$$

eine neue Verteilung

$$\langle p'_1, p'_2, p'_3, \ldots p'_i, \ldots p'_k \rangle$$

zu, wobei für jedes i gilt:

$$p'_i = u_{i1}p_1 + u_{i2}p_2 + \ldots u_{ij}p_j + \ldots u_{ik}p_k.$$

Wir berücksichtigen nun, daß nach der Umrechnung die Summe der neuen Wahrscheinlichkeitswerte wiederum Eins sein muß. Es muß gelten

[8.1.6] $\sum p'_i = p_1 \sum u_{i1} + p_2 \sum u_{i2} + \ldots + p_k \sum u_{ik} = 1$.

Da diese Bedingung für jeden beliebigen Satz von Ausgangswahrscheinlichkeiten erfüllt sein muß, muß sie insbesondere auch dann gelten, wenn eine der Ausgangswahrscheinlichkeiten gleich Eins ist, während alle übrigen gleich Null sind. Setzen wir nacheinander $p_1, p_2, \ldots$ gleich Eins, dann erhalten wir aus [8.1.6] hintereinander die Bedingungen

$\sum u_{i1} = 1$, $\sum u_{i2} = 1$, $\sum u_{i3} = 1$, und so weiter.

Wir halten also fest, daß

bei jedem linearen Operator Q die Summe der u_{ij} über alle i bei konstantem j für jedes j gleich Eins ist.

Bush und Mosteller (1955, S. 37ff.) führen als zusätzliche Annahme die sogenannte ›*Kombinierbarkeit der Reaktionsklassen*‹ (combining classes condition) ein, die stärker inhaltlich begründet ist. Jede Unterscheidung zwischen verschiedenen Arten von Reaktionen ist eine weitgehend willkürliche Klassifikation. Je nach Fragestellung können wir entweder durch Berücksichtigung zusätzlicher Aspekte eine Reaktionsklasse weiter aufteilen oder unter Vernachlässigung einzelner Feinheiten vorhandene Reaktionsklassen zu größeren zusammenfassen. Unterscheiden wir bei Antworten auf eine Frage ›richtig‹ oder ›falsch‹, so hindert uns niemand, beispielsweise eine Unterscheidung ›innerhalb 10 Sekunden richtig‹, ›nach einer Bedenkzeit von mindestens 10 Sekunden richtig‹, ›spontan falsch‹, ›nach längerem Schweigen falsch‹, einzuführen. Gehen wir gar zu Alltagsbeobachtungen über, so wird die Willkürlichkeit der Unterscheidung verschiedener Arten von Verhaltensweisen vielleicht noch deutlicher.

Kombinierbarkeit der Reaktionsklassen ist bei einem Modell genau dann gegeben, wenn aus der Gültigkeit der Modellannahmen für ein bestimmtes System von Reaktionsklassen die Gültigkeit für jedes andere System folgt, das durch Zusammenfassung bestimmter Reaktionsarten zu größeren Klassen entsteht.

Bush und Mosteller (1955, S. 37ff.) fordern nun, daß diese Bedingung von ihrem eigenen Modell erfüllt wird. Für jede Reaktion i muß dann [8.1.5] entsprechend gelten, wenn man lediglich die Reaktion i und die Klasse aller anderen Reaktionen unterscheidet. Wir erhalten so

[8.1.7] $$p_i' = u_{ii} p_i + u_i (1 - p_i) = (u_{ii} - u_i) p_i + u_i .$$

Die zweite Zeile dieses Ausdrucks ist praktisch, um eine wichtige Parameterrestriktion erkennen zu können. Wir bilden wieder einmal die Summe aller neuen Wahrscheinlichkeiten, die Eins sein muß, und erhalten:

[8.1.8] $$\sum p_i' = \sum (u_{ii} - u_i) p_i + \sum u_i = 1 .$$

Diese Bedingungen müssen für beliebige p_i gelten, also auch dann, wenn jeweils ein p_i gleich Eins und alle anderen gleich Null sind. Setzen wir nacheinander $p_1, p_2, \ldots$ gleich Eins, dann resultieren die Forderungen

$$(u_{11} - u_1) + \sum u_i = 1 ,$$
$$(u_{22} - u_2) + \sum u_i = 1 ,$$
$$(u_{33} - u_3) + \sum u_i = 1 ,$$
und so weiter.

Diese Gleichungen sind alle erfüllbar, wenn $(u_{ii} - u_i)$ für alle i den gleichen Wert annimmt, der gewöhnlich mit α bezeichnet wird. Schreiben wir nun noch a_i statt u_i, so erhält [8.1.7] eine Form, die oft als die ›*Slope-Intercept-Form*‹ des linearen Operators

[8.1.9] $$Q_i(p) = a_i + \alpha p$$

bezeichnet wird. Dies ist die Gleichung einer Geraden mit α als Steigung (slope), die mit p als Abscisse die Ordinate beim Wert a_i (intercept) schneidet. Die neue Reaktionswahrscheinlichkeit ist nur noch eine Funktion der alten Wahrscheinlichkeit für die gleiche Reaktion. Ab hier benutzen wir deshalb Q_i zur Kennzeichnung einer Funktion, die eine einzelne Wahrscheinlichkeit und nicht mehr – wie bisher – einen Satz von Wahrscheinlichkeiten als Argument hat. Mit $b_i = (1 - \alpha - a_i)$ führen einfache Umformungen auf die ›*Gain-Loss-Form*‹

[8.1.10] $$Q_i(p) = p + a_i (1 - p) - b_i p \text{ mit positiven } a_i, b_i .$$

Hier setzt sich die neue Wahrscheinlichkeit zusammen aus dem alten Wert plus einem Gewinn (gain), der proportional der verbleibenden Zuwachsmöglichkeit $(1 - p)$ ist, minus einem Verlust (loss), der dem vorhandenen p proportional ist. Ersetzt man in [8.1.8] a_i durch $(1 - \alpha)\lambda_i$, so erhält man die weit verbreitete *Fixpunkt-Form*

[8.1.11] $$Q_i(p) = \alpha p + (1 - \alpha)\lambda_i .$$

Hier ist λ_i ein gut interpretierbarer Ausdruck. Wendet man die gleiche Rechenvorschrift mehrfach hintereinander auf einen beliebigen Ausgangswert an, so erhält man eine Folge von Wahrscheinlichkeiten, die gegen λ_i konvergiert. Setzt man p gleich λ_i und benutzt dann die Formel, so ändert sich p nicht. Das zu einem bestimmten Modellereignis und einer bestimmten Reaktionsklasse gehörende λ gibt also an, welchen Effekt das

unbegrenzt wiederholte Eintreten des betrachteten Modellereignisses auf die p-Werte hat.
Betrachtet man in Kapitel 4 auf Seite 34f. die entsprechenden Ausdrücke für das lineare Modell beim einfachen Paarlernen, so erkennt man unschwer, daß es sich dort um Sonderfälle von [8.1.11] handelt. Der λ-Wert für richtige Reaktionen ist gleich 1, der für falsche gleich 0. Wir haben also beim einfachen Paarlernen unterstellt, daß vollständiges Lernen in dem Sinne möglich ist, daß die Wahrscheinlichkeit einer richtigen Reaktion durch hinreichend viele Lernschritte beliebig nahe an 1 gebracht werden kann.

8.2 Kombinierbarkeit der Reaktionsklassen

Wir sind bisher im Wesentlichen der Argumentation von Bush und Mosteller (1955) bei der Einführung linearer Operatoren gefolgt. Es soll nun gezeigt werden, daß die Forderung nach Kombinierbarkeit der Reaktionsklassen auch ohne das Argument der angenäherten Brauchbarkeit linearer Zusammenhänge auf lineare Operatoren führt.
Ist Kombinierbarkeit von Reaktionsklassen gegeben, dann können wir zur Berechnung einer einzelnen neuen Wahrscheinlichkeit für Klasse i lediglich diese Klasse (mit Ausgangswahrscheinlichkeit p_i) und die Klasse aller anderen Reaktionen (mit Ausgangswahrscheinlichkeit $1-p_i$) unterscheiden. Der neue Wert p_i' hängt damit lediglich von p_i und nicht von den anderen p-Werten ab, und kann somit als

[8.2.1] $$p_i' = Q_i(p_i)$$

geschrieben werden. Betrachten wir die *Zusammenfassung* von zwei Reaktionsklassen i und j zu einer neuen Klasse k. Dann müssen Funktionen

[8.2.2] $$p_i' = Q_i(p_i),\ p_j' = Q_j(p_j) \quad \text{und} \quad p_k' = Q_k(p_k)$$

existieren. Da k die Zusammenfassung von i und j ist, muß sowohl $p_i + p_j = p_k$ als auch $p_i' + p_j' = p_k'$ sein. Damit gilt:

[8.2.3] $$Q_k(p_i + p_j) = Q_i(p_i) + Q_j(p_j).$$

Will man die allgemeine Form einer Funktion Q bestimmen, die eine solche Gleichung zu erfüllen gestattet, so muß man zunächst eine Annahme über die überhaupt in Erwägung zu ziehende Funktionenklasse machen. Wir führen hierzu die Annahme ein, alle Q seien (zumindest für endliche Argumente) *in allen Punkten* differenzierbar. Es ist weiterhin nicht ausgeschlossen, daß ein Modellereignis die Wahrscheinlichkeiten für zwei Reaktionsklassen i und j in gleicher Weise verändert. In diesem Spezialfall ist sowohl Q_i als auch Q_j die gleiche Funktion f. Wir bezeichnen dann Q_k als Funktion g und erhalten:

[8.2.4] $$g(p_i + p_j) = f(p_i) + f(p_j).$$

Setzen wir einmal $p_i = 0$ und dann $p_j = 0$ und bezeichnen den Wert der Funktion f an der Stelle 0 mit k, dann erhalten wir

[8.2.5] $$g(p_j) = f(p_j) + k,$$
$$g(p_i) = f(p_i) + k.$$

Die Funktionen f und g unterscheiden sich also nur durch eine additive Konstante. [8.2.4] kann damit geschrieben werden als

[8.2.6] $$f(p_i + p_j) + k = f(p_i) + f(p_j).$$

Nun werden beide Seiten von [8.2.6] einmal nach p_i und dann nach p_j differenziert. Wir verzichten hier auf den Nachweis, daß diese beiden Ableitungen auf die gleiche Form führen, die mit f' bezeichnet sei. Es ist dann

[8.2.7] $$f'(p_i+p_j)=f'(p_i),$$
$$f'(p_i+p_j)=f'(p_j).$$

Hieraus folgt direkt

[8.2.8] $$f'(p_i)=f'(p_j).$$

Jede Umrechnung einer alten in eine neue Wahrscheinlichkeit ist damit als eine Funktion darstellbar, deren erste Ableitung an verschiedenen Stellen gleich ist. Bekanntlich sind Funktionen mit konstanter erster Ableitung linear. $Q_i(p)$ hat also für jedes i die Form

[8.2.9] $$Q_i(p)=f(p)=a+bp.$$

Dies ist der bereits bekannte lineare Operator, der mithin allein aus der Annahme kombinierbarer Reaktionsklassen und an allen Punkten differenzierbarer Q_i abgeleitet werden kann. Auf das Argument der approximativen Brauchbarkeit linearer Operatoren kann man verzichten.

8.A BM-Modelle sind stochastische Lernmodelle, die homogen sind, und bei denen die *Menge der Elementarzustände* gleich der Menge aller *Wahrscheinlichkeitsverteilungen für mögliche Reaktionen* ist.

8.B Der *Effekt eines linearen Operators* auf die Wahrscheinlichkeit einer einzelnen Reaktionsklasse i läßt sich beschreiben durch
die *Slope-Intercept-Form*

$$Q_i(p)=a_i+\alpha p,$$

die *Gain-Loss-Form*

$$Q_i(p)=p+a_i(1-p)-b_i p,$$

die *Fixpunkt-Form*

$$Q_i(p)=\alpha p+(1-\alpha)\lambda_i.$$

8.C *Kombinierbarkeit der Reaktionsklassen* ist für ein Modell gegeben, wenn aus der Gültigkeit des Modells für ein bestimmtes System von Reaktionsarten seine Gültigkeit für ein anderes System folgt, das durch Zusammenfassung einzelner Klassen aus dem ersten hervorgeht.

8.D Die *Form des allgemeinen linearen Operators* ist bei BM-Modellen *ableitbar*
1. aus dem Argument der *angenäherten Brauchbarkeit* linearer Q_i zusammen mit der Forderung nach *Kombinierbarkeit der Reaktionsklassen*,
2. aus der *Kombinierbarkeit der Reaktionsklassen* zusammen mit der Forderung *differenzierbarer* Q_i.

8.3 Operatoren für Ereignisfolgen

Sieht man von einigen Spezialfällen ab, die zusätzliche Annahmen erfordern, so entstehen die meisten Varianten des allgemeinen linearen Modells dadurch, daß man bestimmte Restriktionen für die Parameter der benutzten Operatoren einführt, Anzahl und Art der Modellereignisse spezifiziert und festlegt, wovon das Eintreten des einen oder anderen

Modellereignisses in einem Lernprozeß abhängt. Will man die entstehenden Zustands-Ereignis-Folgen weiter analysieren, so benötigt man (etwa bei der Bestimmung von Lernkurven) Aussagen über den zustandsändernden Effekt, den Folgen von Modellereignissen haben. Auf einer bestimmten Stufe eines Lernprozesses sei ein Zustand gegeben, der durch einen Satz von Reaktionswahrscheinlichkeiten p beschrieben wird. Der Lernende möge eine bestimmte Reaktion zeigen, etwa eine vorgegebene Aufgabe richtig lösen, die zu einem Ereignis e_1 führt. Den zugehörigen Operator bezeichnen wir mit ${}_1Q$; wir erhalten die neuen Reaktionswahrscheinlichkeiten ${}_1Q(p)$. Nun möge die gleiche Person im Gespräch mit einer anderen erfahren, daß der Gesprächspartner die gleiche Aufgabe mit einer anderen Technik schneller und einfacher gelöst hat. Diese Informationsaufnahme kann als ein Ereignis e_2 interpretiert werden, zu dem ein Operator ${}_2Q$ gehört. Das betrachtete Gespräch führt zu wiederum veränderten Reaktionswahrscheinlichkeiten ${}_2Q({}_1Q(p))$. Den kombinierten Effekt der Folge $\langle e_1, e_2 \rangle$ auf die Ausgangswahrscheinlichkeiten wollen wir durch einen neuen Operator kennzeichnen, der als ${}_2Q\,{}_1Q$ geschrieben wird. Es ist also

[8.3.1] $${}_2Q\,{}_1Q(p) = {}_2Q({}_1Q(p)).$$

Dabei ist die Reihenfolge wichtig, in der die Einzeloperatoren angegeben werden. Im allgemeinen hängt der kombinierte Effekt einer bestimmten Folge von Ereignissen oder – was das Gleiche ist – das Ergebnis der mehrfach hintereinandergeschalteten Anwendung von Operatoren nicht nur von den verwendeten ${}_iQ$ und deren Häufigkeiten ab, sondern auch von der Reihenfolge der Anwendung.
Lineare Operatoren haben die angenehme Eigenschaft, daß der kombinierte Effekt einer jeden Operatorenfolge wieder durch einen linearen Operator beschrieben werden kann.

Es sei ${}_kQ\,{}_{k-1}Q \ldots {}_3Q\,{}_2Q\,{}_1Q$ jener Operator, der den Gesamteffekt auf einen beliebigen Ausgangssatz von Reaktionswahrscheinlichkeiten p beschreibt, den man erhält, wenn man nacheinander die Operatoren ${}_1Q, {}_2Q, {}_3Q, \ldots {}_{k-1}Q, {}_kQ$ anwendet. Die *Menge der linearen Operatoren* ist unter dieser Operation des ›Hintereinanderschaltens‹ *abgeschlossen*. Das heißt: Sind alle in ${}_kQ\,{}_{k-1}Q \ldots {}_3Q\,{}_2Q\,{}_1Q$ enthaltenen Einzeloperatoren linear, dann ist auch der Folgenoperator selbst linear.

Wir wollen die Veränderungen der Wahrscheinlichkeit einer einzelnen Reaktionsklasse i betrachten. ${}_1Q_i, {}_2Q_i, \ldots {}_kQ_i$ seien k Operatoren, die nacheinander beginnend mit einem Wahrscheinlichkeitswert p angewandt werden. Der kombinierte Effekt kann angegeben werden durch die Formel

[8.3.2] $$\alpha p + (1-\alpha)\lambda_i.$$

Dabei ist α gleich dem Produkt der α-Werte der Einzeloperatoren und λ_i ein gewichtetes Mittel der λ_i-Werte aus den einzelnen Lernschritten. Das Gewicht des an Position j benutzten λ_i ist gleich Eins minus dem α-Wert des Operators an Position j, multipliziert mit den α-Werten aller nachfolgenden Operatoren.
Einen simplen Sonderfall erhalten wir, wenn der gleiche Operator n-mal hintereinander angewandt wird. Den Folgenoperator schreiben wir vereinfacht als Q^n. Für die Wahrscheinlichkeit einer bestimmten Reaktionsklasse i gilt dann

[8.3.3] $$Q_i^n(p) = \alpha^n p + (1-\alpha^n)\lambda_i.$$

Setzen wir p gleich der Anfangswahrscheinlichkeit auf der ersten Stufe eines Prozesses, der nur einen Operator enthält, dann ergibt sich der p-Wert auf der n-ten Stufe direkt durch Anwendung von Q^{n-1} als

[8.3.4] $$p_n = \alpha^{n-1} p + (1-\alpha^{n-1})\lambda_i.$$

Diese Formel beschreibt die *Lernkurve* eines linearen *Modells mit nur einem Operator*. Setzen wir den λ-Wert für eine von zwei möglichen Reaktionen gleich Eins und den für die andere Reaktion gleich Null, dann bekommen wir die bereits in Kapitel 5 (Seite 42) auf andere Weise abgeleitete Lernkurve des einfachen linearen Modells für Paarlernen als Spezialfall. In Abbildung 8.1 sind beispielhaft die Kurven für eine Lernsituation mit drei Alternativen aufgezeichnet, die sich aus [8.3.4] ergeben können.

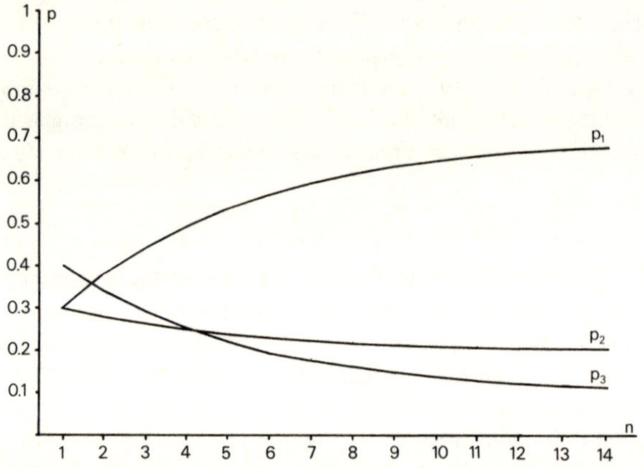

Abb. 8.1: Mittlere Lernkurven (Reaktionswahrscheinlichkeiten) für eine Situation mit 3 möglichen Reaktionen beim linearen Modell. Die Anfangswahrscheinlichkeiten wurden mit $g_1 = g_2 = 0.3$ und $g_3 = 0.4$ festgesetzt. Der Lernparameter α hat den Wert 0.7. Die Verläufe konvergieren gegen $\lambda_1 = 0.7$, $\lambda_2 = 0.2$ und $\lambda_3 = 0.1$.

Wir stellen nun die Frage, unter welchen Bedingungen der Effekt aus der hintereinandergeschalteten Anwendung von zwei Operatoren unabhängig von der Reihenfolge ist. Besteht eine solche Unabhängigkeit, dann sprechen wir von ›*Kommutativität*‹ der Operatoren bzw. der zugehörigen Ereignisse.

Zwei Operatoren ${}_1Q$ und ${}_2Q$ sind *kommutativ*, wenn ${}_1Q\,{}_2Q = {}_2Q\,{}_1Q$ ist. In diesem Fall heißen auch die zugehörigen Ereignisse ›kommutativ‹.

Ein *Modell mit kommutativen Ereignissen* sagt Lernverläufe voraus, bei denen die Reaktionswahrscheinlichkeiten auf einer bestimmten Stufe lediglich davon abhängen, welches Ereignis in der vorausgegangenen Lerngeschichte wie oft aufgetreten ist. Der Effekt einer bestimmten Häufigkeitsverteilung der Ereignisse ist unabhängig von deren Reihenfolge. Hierfür gilt:

Ein lineares Lernmodell besitzt *kommutative Ereignisse*, wenn alle jene Ereignisse, die den Zustand verändern (also nicht einen gegebenen Zustand in sich selbst überführen), für jede Reaktionsklasse gleiche λ_i besitzen.

Man kann sich Experimente ausdenken, bei denen die Annahme kommutativer Operatoren sinnvoll erscheint. Sollen beispielsweise Antworten auf bestimmte Fragen gelernt werden, so wäre die Annahme kommutativer Operatoren sinnvoll, sofern nach jeder Antwort – ob richtig oder falsch – die jeweils richtige Antwort genannt wird. Ergebnisse lernpsychologischer Untersuchungen legen nahe, daß die Information, eine Antwort sei ›richtig‹ gewesen, möglicherweise einen anderen Effekt hat als die Information, eine Antwort sei ›falsch‹ gewesen, zusammen mit der Nennung der richtigen Antwort. Bei beiden Möglichkeiten kann man jedoch unterstellen, daß sie die Wahrscheinlichkeit einer richtigen Antwort in Richtung auf *eine* Obergrenze verändern. Dabei ist gleichgültig, ob wir diese Obergrenze (wie etwa beim Modell für einfaches Paarlernen) mit Eins ansetzen, oder ob wir unterstellen, es gäbe eine auch nach maximalem Lernen noch verbleibende Rest-Irrtumswahrscheinlichkeit. Nicht mehr sinnvoll wäre die Annahme kommutativer Ereignisse, wenn bei der gleichen Lernaufgabe nach jeder Antwort lediglich gesagt wird, diese sei ›richtig‹ oder ›falsch‹ gewesen. Die Information ›richtig‹ dürfte zu einer Erhöhung der Wahrscheinlichkeit für eben diese Antwort führen. Bei der Angabe ›falsch‹ ist dagegen nicht einzusehen, warum hier ebenfalls nur die Wahrscheinlichkeit einer richtigen Antwort erhöht werden sollte, und nicht zugleich auch die Wahrscheinlichkeiten aller anderen möglichen Antworten außer der gegebenen und als ›falsch‹ qualifizierten. Für beide Ereignisse wären also hier Operatoren mit unterschiedlichen λ-Werten zu unterstellen, die nicht kommutativ sind.

8.4 Ereignis-Kontrolle

Bei der Konstruktion spezifischer Modellvarianten innerhalb des allgemeinen linearen Ansatzes spielt eine wichtige Rolle, welche Art von Ereignis-Kontrolle man im Einzelfall unterstellt.

Der Begriff ›*Ereignis-Kontrolle*‹ bezeichnet die Art der Abhängigkeiten der Modellereignisse auf den einzelnen Stufen eines Lernprozesses von anderen Ereignisklassen und insbesondere von den Reaktionen.

Man kann prinzipiell eine Fülle verschiedener Arten von Ereignis-Kontrolle unterscheiden; üblich ist die Differenzierung zwischen drei Typen. Dabei wird unterstellt, daß Wahrscheinlichkeiten von Modellereignissen unabhängig von der jeweiligen Positionsnummer sind. Unter dieser Einschränkung erhalten wir die folgenden Möglichkeiten:

1. Die Wahrscheinlichkeit eines Modellereignisses e_k ist unabhängig von allen anderen Ereigniskomponenten und auf jeder Stufe des Lernprozesses konstant gleich Π_k; derartige Ereignisse heißen ›*Experimenter-Controlled Events*‹.
2. Zu jedem Modellereignis e_k existiert eine und nur eine Reaktion r_k derart, daß e_k genau dann eintritt, wenn die Reaktion r_k gezeigt wird; die Menge der Modellereignisse ist also in diesem Fall gleich der Menge der Reaktionen; Ereignisse mit dieser Eigenschaft heißen ›*Subject-Controlled Events*‹.
3. Für jede Reaktion r_j und jedes Modellereignis e_k gibt es eine Wahrscheinlichkeit Π_{jk}, mit der Ereignis e_k auf einer Stufe des Lernprozesses eintritt, sofern auf eben dieser Stufe Reaktion r_j gezeigt wird; diese Modellereignisse heißen ›*Experimenter-Subject-Controlled Events*‹.

Diese Unterscheidung wird deutlicher, wenn man einige Experimentalanordnungen zusammen mit entsprechenden Modellannahmen betrachtet. Beginnen wir mit dem klassischen Experiment von Humphreys (1939) zum Wahrscheinlichkeitslernen, das eine Fülle ähnlicher Experimente nach sich gezogen hat. In einer Serie von Versuchen soll eine Person jeweils vorhersagen, welches von zwei Ereignissen anschließend eintritt. Diesen Ereignissen sind bestimmte Auftretenswahrscheinlichkeiten zugeordnet. Besonders beliebt ist bei Untersuchungen dieser Art ein Apparat mit zwei Drucktasten und zwei Lämpchen.

Durch Druck auf eine der beiden Tasten (›rechts‹ oder ›links‹) gibt eine Versuchsperson an, welches Lämpchen ihrer Ansicht nach als nächstes aufleuchten wird; anschließend leuchtet eines der Lämpchen (›rechts‹ oder ›links‹) auf. Die Ergebnisse zeigen, daß kleine Kinder und minder-intelligente Erwachsene dazu tendieren, nach einiger Zeit das häufigere Lämpchen stets vorherzusagen. Diese Strategie ist optimal in dem Sinne, daß damit eine maximale Wahrscheinlichkeit richtiger Vorhersagen erreicht wird. Man findet sie daher auch in Situationen mit starker Belohnung für richtige Reaktionen. In anderen Fällen dagegen pendeln sich die relativen Häufigkeiten für die Vorhersagen auf einen Wert ein, der den Wahrscheinlichkeiten für das Aufleuchten der beiden Lämpchen entspricht. Dieses Phänomen wird als Wahrscheinlichkeitsanpassung (Probability Matching) bezeichnet (siehe etwa Foppa 1965).
In einer solchen Experimentalsituation gibt es auf jeder Stufe zwei Reaktionsmöglichkeiten. Die Wahrscheinlichkeit einer Vorhersage für das ›rechte‹ Lämpchen sei mit p_n bezeichnet. Weiter sei Π die Wahrscheinlichkeit, mit der das ›rechte‹ Lämpchen bei einem Einzelversuch aufleuchtet. Wir haben dann vier experimentelle Ereignisse mit den entsprechenden Wahrscheinlichkeiten:

Vorhersage	Konsequenz	Wahrscheinlichkeit
rechts	rechts	$p_n \Pi$
rechts	links	$p_n(1-\Pi)$
links	rechts	$(1-p_n)\Pi$
links	links	$(1-p_n)(1-\Pi)$

Die Art der Ereigniskontrolle hängt von zusätzlichen Annahmen über den Zusammenhang zwischen experimentellen Ereignissen und Modellereignissen ab. Unterstellen wir, das zukünftige Rateverhalten werde nur dadurch beeinflußt, welches Lämpchen in einem Einzelversuch aufleuchtet, dann würden wir dem ersten und dem dritten experimentellen Ereignis das gleiche Modellereignis e_1 zuweisen, den beiden anderen Möglichkeiten ein Ereignis e_2. Die Wahrscheinlichkeit für e_1 wäre dann unabhängig von der jeweiligen Reaktion gleich Π und die für e_2 entsprechend $(1-\Pi)$. Wegen der Unabhängigkeit der Modellereignisse von den Reaktionen läge ein Modell mit ›Experimenter-Controlled Events‹ vor. Unterstellen wir dagegen, der Einfluß einer Aufleuchtung auf das weitere Verhalten sei nach einer richtigen Vorhersage ein anderer als nach einer falschen, dann würden wir für jedes der angegebenen experimentellen Ereignisse ein eigenes Modellereignis ansetzen. Die Wahrscheinlichkeiten dieser Modellereignisse hängen dann von den Reaktionen ab, sind durch diese allein aber nicht voll bestimmt. Das resultierende Modell besitzt ›Experimenter-Subject-Controlled Events‹. Eine dieser beiden Modellarten erhält man in jedem Fall auch, wenn man den Einfluß nicht beobachtbarer Ereigniskomponenten in einem Lernprozeß unterstellt.
Die für Modelle mit ›Subject-Controlled Events‹ angemessene Klasse von Experimenten erhält man durch kontingente und vollständige Verstärkungspläne. Auf verschiedene Reaktionen erfolgen verschiedene Konsequenzen; der gleichen Reaktion folgt immer die gleiche Konsequenz. Damit ist die jeweilige Reaktions-Konsequenz-Kombination (also das experimentelle Ereignis) durch die Reaktion festgelegt. Sind keine zusätzlichen nichtbeobachtbaren Komponenten im Spiel, so ist auch das Modellereignis durch die Reaktion determiniert. Ein Beispiel wäre etwa ein Lernversuch mit Fragen, die als ›richtig‹ oder ›falsch‹ bewertet werden. Jede richtige Antwort zieht die Bewertung ›richtig‹ nach sich, die einen bestimmten Effekt auf das weitere Verhalten hat, jede falsche Antwort die Reaktion ›falsch‹ mit einem möglicherweise anderen Effekt.

8.E In jedem BM-Modell mit linearen Operatoren ist auch der kombinierte Effekt einer Folge von Modellereignissen durch einen ebenfalls *linearen Folgenoperator* angebbar.

8.F Ein Modell besitzt *kommutative Ereignisse*, wenn der zustandsändernde Effekt einer Ereignisfolge nur von Art und Häufigkeiten der darin enthaltenen Ereignisse, nicht aber von deren Reihenfolge, abhängig ist.

8.G Beim linearen Ansatz erhält man ein *Modell mit kommutativen Ereignissen*, wenn alle zugehörigen Operatoren, die nicht Identitätsoperatoren sind (einen gegebenen Zustand unverändert lassen), für jede der Reaktionen gleiche λ-Werte besitzen.

8.H Ist die Wahrscheinlichkeit eines Modellereignisses unabhängig von der jeweils gegebenen Reaktion, so spricht man von ›*Experimenter-Controlled Events*‹. Ist das Ereignis in jedem Fall durch die gezeigte Reaktion determiniert, dann heißen die Ereignisse ›*Subject-Controlled*‹. Liegt schließlich eine Abhängigkeit der Ereigniswahrscheinlichkeit von der Reaktion vor, wobei diese Wahrscheinlichkeiten nicht in jedem Fall Null oder Eins sind, dann werden die Ereignisse ›*Experimenter-Subject-Controlled*‹ genannt.

8.5 Fragen

1. Die Veränderungen einer Reaktionswahrscheinlichkeit in einem Lernprozeß sei durch einen linearen Operator beschrieben. Welchen Bedingungen müssen die Parameter der Gain-Loss-Form genügen, damit die betrachtete Wahrscheinlichkeit kleiner wird?
2. Für zwei Reaktionsklassen i und j seien lineare Operatoren in Fixpunkt-Form gegeben. Wie lautet der Operator, der die Veränderung der Wahrscheinlichkeit für die kombinierte Klasse beschreibt?
3. Welche Art von Ereigniskontrolle wendet die Polizei bei Geschwindigkeitskontrollen mit perfekt getarnter Radaranlage an?

8.6 Weiterführende Literatur

Das lineare Modell ist eines der ersten stochastischen Lernmodelle. Das mag einer der Gründe dafür sein, daß die Autoren in ihrem ersten Artikel, mit dem sie das Modell vorstellten, eine so ausführliche und allgemeinverständliche Darstellung wählten, daß diese Arbeit (Bush und Mosteller 1951 a) als Einführung in diesen Modellansatz auch heute noch empfohlen werden kann. In der gleichen Zeitschrift findet man einen weiteren Artikel (Bush und Mosteller 1951 b), der eine interessante Modellvariante zur Erfassung von Reizgeneralisierung und Diskriminierungslernen vorstellt. Ausführlich behandeln Bush und Mosteller ihren Modellansatz mit einer Fülle von Varianten und empirischen Daten in dem 1955 erschienenen Standardwerk für Fragen linearer Modelle (Bush und Mosteller 1955). Coombs, Dawes und Tversky (1970) stellen den linearen Ansatz innerhalb des 9. Kapitels auf Seite 259 bis 270 dar; bei Atkinson, Bower und Crothers (1965) taucht er an verschiedenen Stellen auf, insbesondere auf den Seiten 108 bis 117 und 268 bis 298.

Vergleiche zwischen dem linearen Ansatz und anderen Modellen findet man in Untersuchungen zum Diskriminationslernen (Lovejoy 1965, Lynn 1969, Robbins 1970) oder auch zum Vermeidungslernen (Theios 1965). Auch im Zusammenhang mit Untersuchungen über Wahrscheinlichkeitslernen und Wahrscheinlichkeitsanpassung tauchen häufig lineare Ansätze auf (siehe etwa Friedman, Carterette und Anderson 1968, Strub und Erickson 1968, Tuomela 1968, Cole und Keller 1969, Heuckeroth 1969, Yellot 1969).

Eine interessante Abwandlung des Modellansatzes, die auf ein Modell für Reaktionskontinua führt, hat Anderson (1964) entwickelt. Offir (1972) untersucht unter anderem für das lineare Modell, welche Konsequenzen sich ergeben, wenn Zufallsvariablen als Modellparameter eingeführt werden. Bishir und Drewes (1969) kombinieren den linearen Ansatz mit einer ›Lernmaschine‹ und erhalten so ein verallgemeinertes Modell.

Von Norman (1968 b) stammt eine Analyse linearer Modelle mit zwei Extremzuständen, von Iosifescu und Theodorescu (1965) eine Arbeit über allgemeine Eigenschaften von BM-Modellen.

9. Reiz-Stichproben-Modelle

Inhalt:

Die Klasse der Reiz-Stichproben-Modelle dient in diesem Kapitel als Beispiel für einen Denkansatz, der die Konstruktion einer großen Anzahl von Modellvarianten gestattet, die unter anderem geeignet sind, spezielle Phänomene wie Wirkungen massierten und verteilten Lernens, Spontanerholung, unterschiedliche Resistenz gegen Extinktion bei gleichen Reaktionswahrscheinlichkeiten, Reizgeneralisation usw., zu erfassen. An einem sehr einfachen Modell werden die Grundgedanken erläutert; anschließend folgen Hinweise auf verschiedene Varianten.

9.1 Prinzipien der Reiz-Stichproben-Theorie

Im vorausgegangenen Kapitel haben wir gesehen, wie eine bestimmte Form der Operatoren in Lernmodellen, nämlich die des linearen Operators in BM-Modellen, begründet werden kann, und wie sich dann für verschieden gestaltete Lernprozesse unterschiedliche Modellvarianten ergeben. Dieses Vorgehen läßt sich selbstverständlich analog mit anderen Arten von Operatoren durchführen; die linearen Operatoren wurden hier lediglich als recht handliches Beispiel benutzt. Dabei erwies sich das bereits früher besprochene lineare Modell für einfaches Paarlernen als Spezialfall des allgemeinen linearen Ansatzes. Wir wollen nun noch einen Schritt weiter gehen und Prinzipien der Konstruktion stochastischer Lernmodelle vorstellen, mit denen sich verschiedene Formen von Operatoren konstruieren lassen. Daß wir dazu die Prinzipien der Reiz-Stichproben-Modelle wählen, hat vornehmlich drei Gründe. Zum einen gestatten diese unter anderem eine Begründung des bereits bekannten linearen Ansatzes, der hier als Spezialfall zu subsumieren ist. Ein zweiter Grund ist die recht weite Verbreitung von Reiz-Stichproben-Modellen in der derzeitigen Literatur. Ein dritter und sehr wesentlicher Grund jedoch ist, daß viele der Konstrukte von Reiz-Stichproben-Modellen einer plausiblen psychologischen Interpretation zugänglich sind. Es handelt sich damit um Ansätze, die sich nicht nur abstrakt formal darstellen lassen, sondern überdies durch inhaltliche Überlegungen eingeführt und verständlich gemacht werden können. Die inhaltliche Plausibilität der Konstrukte erleichtert es auch, aufgrund psychologischer Überlegungen und Annahmen für verschiedene Arten von Lernprozessen und für unterschiedliche Fragestellungen jeweils angemessene spezifische Modelle zu entwickeln.

Eine der Schwierigkeiten bei der Einführung von Reiz-Stichproben-Modellen liegt darin, daß noch keine allgemeine Definition dieser Modellklasse vorliegt. Estes und Suppes (1974) geben zwar Definitionen der Grundbegriffe und sogenannte »allgemeine Axiome« der Reiz-Stichproben-Theorie an. In der Literatur lassen sich jedoch Beispiele für Modellvarianten finden, die diesen allgemeinen Angaben nur teilweise entsprechen. Zur adäquaten Bewertung und Einordnung der folgenden Ausführungen sollte man sich stets vor Augen halten, daß die Klasse der Reiz-Stichproben-Modelle keine Theorie konstituiert, die auf der Basis empirischer Daten zu akzeptieren oder zu verwerfen ist, sondern vielmehr eine bestimmte Art des Denkens bei der Konstruktion von Lernmodellen, ein »... way of life in model building (Coombs, Dawes und Tversky 1970, S. 282)«.

Reiz-Stichproben-Modelle beschreiben Lernvorgänge auf einer molekularen Ebene, die durch die Vorstellung gekennzeichnet ist, jede Situation bzw. jeder Reiz könne als eine Ansammlung *elementarer Komponenten* aufgefaßt werden, von denen ein Organismus bei einer konkreten Konfrontation mit der jeweiligen Situation bzw. dem jeweiligen Reiz bestimmte beachtet und andere nicht. Es wird nicht versucht, diese Elemente oder

Komponenten, die im Folgenden ›*Aspekte*‹ genannt werden, näher zu beschreiben oder zu identifizieren. Wichtig ist lediglich, daß

jede Situation bzw. jeder Reiz bei Reiz-Stichproben-Modellen durch eine Menge nicht weiter spezifizierter *Aspekte* repräsentiert wird. Eine solche *Aspektmenge* sei mit S gekennzeichnet.

Findet auf einer Stufe eines Lernprozesses die Konfrontation eines Organismus mit der durch S gekennzeichneten Situation statt, so wird aus S eine *Stichprobe* X aktiviert. Wir können dies so interpretieren, daß bestimmte Aspekte der jeweiligen Situation beachtet werden und andere nicht. Über das Zustandekommen von X kann man verschiedene Annahmen machen, die als ›*Stichprobenaxiome (sampling axioms)*‹ bezeichnet werden.

Die *Stichprobenaxiome* eines Reiz-Stichproben-Modells geben an, wie bei der konkreten Konfrontation eines Organismus mit einer durch die Aspektmenge S dargestellten Situation eine Teilmenge X aus S zustandekommt.

Verschiedene Modelle enthalten Stichprobenaxiome, die unterschiedliche Auswahlprozesse beschreiben. Teilweise wird eine feste Größe von X angenommen, andere Modelle spezifizieren für die Aspekte in S lediglich bestimmte Wahrscheinlichkeiten für das Enthaltensein in X und lassen unterschiedliche Stichprobengrößen zu, wieder andere Modelle nehmen zeitabhängige Veränderungen dieser Wahrscheinlichkeiten an.
Ein weiterer zentraler Gedanke der Reiz-Stichproben-Theorie ist, daß jeder Situationsaspekt aus S in irgendeiner Weise an eine oder mehrere mögliche *Reaktionen* des lernenden Organismus gekoppelt werden kann. Im einfachsten Fall ist jeder Aspekt zu jedem Zeitpunkt auf genau eine der möglichen Reaktionen *konditioniert.* Bei anderen Modellen (Atkinson 1961) kann jeder Aspekt für jede Reaktion jeweils eine bestimmte *Konditionierungsstärke* besitzen, wobei die Summe all dieser Stärken eine aspektspezifische Größe ist. Wieder andere Modelle (etwa LaBerge 1959) lassen auch zu, daß Aspekte als ›*neutrale Elemente*‹ möglicherweise an keine der möglichen Reaktionen gekoppelt sind. Die Bedeutung dieser Reaktionskoppelungen für einen darzustellenden Lernprozeß wird jeweils spezifiziert in ›*Reaktionsaxiomen*‹ und ›*Konditionierungsaxiomen*‹.

Die *Reaktionsaxiome* eines Reiz-Stichproben-Modells geben an, wie die Wahrscheinlichkeiten der möglichen Reaktionen auf einer bestimmten Stufe des Lernprozesses und bei einer auf dieser Stufe gegebenen Situation aus den Konditionierungszuständen der Aspekte in X bestimmt werden.

Im einfachsten Fall, bei dem jeder Aspekt jeweils auf genau eine Reaktion konditioniert ist, ist die Wahrscheinlichkeit einer Reaktion gleich der relativen Häufigkeit jener Aspekte in X, die genau dieser Reaktion zugeordnet sind.

Die *Konditionierungsaxiome* legen fest, wie aufgrund eines eintretenden Ereignisses der Konditionierungszustand der Aspekte in X verändert wird.

Auch hier sind verschiedene Möglichkeiten denkbar und in verschiedenen Modellen realisiert. Unterstellt man, jedes Ereignis charakterisiere eine der möglichen Reaktionen als »richtig«, so kann man etwa annehmen, daß alle Aspekte in X infolge dieses Ereignisses auf eben diese Reaktion konditioniert werden, oder daß jeder Aspekt in X mit einer bestimmten Wahrscheinlichkeit eine solche Konditionierung erfährt. Der letztgenannte Fall entspräche der Annahme eines Lernprozesses nach dem Alles-oder-Nichts-Modell für einfaches Paarlernen für jeden Einzelaspekt.
Bestimmte Eigenheiten des im Modell zu repräsentierenden Lernprozesses werden schließlich noch durch ›*Verstärkungsaxiome*‹ und ›*Darbietungsaxiome*‹ erfaßt.

Verstärkungsaxiome geben an, welche Konsequenzen bestimmten Reaktionen in bestimmten Situationen folgen: sie spezifizieren mithin, welche Wahrscheinlichkeiten den verschiedenen Modellereignissen bei gegebener Reiz-Reaktionskombination zukommen.

Dabei wird – wie bei allen stochastischen Lernmodellen – unterstellt, daß die Änderung der Konditionierungszustände nach Maßgabe der Konditionierungsaxiome vom jeweiligen Modellereignis abhängt.

Neu gegenüber allen vorausgegangenen Ausführungen in diesem Buch ist, daß nun auch Modellvarianten in Betracht gezogen werden sollen, die etwa Reizgeneralisierung und/oder -diskriminierung erfassen. Dazu ist es notwendig, Prozesse zu betrachten, bei denen auf verschiedenen Stufen unterschiedliche Reize dargeboten werden. Diesen verschiedenen Reizen entsprechen in Reiz-Stichproben-Modellen verschiedene Aspektmengen. In solchen Fällen bezeichnet man mit S die Menge aller im gesamten Prozeß überhaupt vorkommenden Aspekte und mit T eine Teilmenge, die einen bestimmten Reiz bei einer bestimmten Dabietung charakterisiert. T wird dann eine ›*Darbietungsmenge*‹ genannt.

Darbietungsaxiome geben die Regeln an, nach denen für jede Stufe eines Lernprozesses die jeweilige Darbietungsmenge T bestimmt wird. Dabei ist die Menge der aktivierten Aspekte X auf der gleichen Stufe eine Teilmenge von T, deren Zusammensetzung nach Maßgabe der jeweiligen Stichprobenaxiome erfolgt.

Diese Grundgedanken lassen sich zusammenfassend darstellen, indem man sich den Ablauf eines einzelnen Lernschrittes in einem Lernprozeß wie folgt vorstellt:

1. Gegeben ist eine Aspektmenge; die einzelnen Aspekte befinden sich in bestimmten Konditionierungszuständen.
2. Es erfolgt eine Reizdarbietung (Darbietungsaxiome), die eine Teilmenge T aus S als Darbietungsmenge festlegt.
3. Der Organismus wählt aus T bestimmte Aspekte aus, denen er seine Aufmerksamkeit zuwendet, und die zusammen die Reizstichprobe X bilden (Stichprobenaxiome).
4. Die Konditionierungszustände der Aspekte in X legen Wahrscheinlichkeiten für die möglichen Reaktionen fest (Reaktionsaxiome); nach Maßgabe dieser Wahrscheinlichkeiten erfolgt eine Reaktion.
5. Die realisierte Reiz-Reaktions-Kombination bringt Wahrscheinlichkeiten für die möglichen Konsequenzen des gezeigten Verhaltens mit sich (Verstärkungsaxiome), eine dieser Konsequenzen tritt ein.
6. Infolge der Reiz-Reaktions-Konsequenz-Kombination ändern sich (möglicherweise) die Konditionierungszustände der Situationsaspekte in X (Konditionierungsaxiome). Damit endet der betrachtete Lernschritt mit einem neuen Muster von Konditionierungszuständen für die Aspekte in der Gesamtmenge S.

Vergleicht man diesen Ablauf mit den Repräsentationen eines Lernschrittes in den anderen bereits vorgestellten Modellen, so erkennt man leicht, daß Reiz-Stichproben-Modelle Lernvorgänge detaillierter zu analysieren gestatten und dabei Konstrukte benutzen, die relativ plausibel und leicht inhaltlich psychologisch interpretierbar sind.

9.A In jedem Reiz-Stichproben-Modell wird die *Lernsituation* durch eine *Aspektmenge S* repräsentiert. Jeder der Aspekte aus S befindet sich auf jeder Stufe des Prozesses in einem von mehreren möglichen *Konditionierungszuständen*, der seine Bindung an eine oder mehrere mögliche Reaktionen beschreibt.

9.B Bei jedem Lernschritt wird nach Maßgabe von *Darbietungsaxiomen* eine *Darbietungsmenge T* aus S als Repräsentant der jeweiligen Reizdarbietung bestimmt. *Stichprobenaxiome* regeln die Auswahl einer *Reizstichprobe X* aus T.

9.C Es erfolgt bei jedem Lernschritt eine *Reaktion*, wobei *Reaktionsaxiome* die Bestimmung der Reaktionswahrscheinlichkeiten aus den Konditionierungszuständen der Aspekte in X gestatten.

9.D *Verstärkungsaxiome* legen die Wahrscheinlichkeiten möglicher *Konsequenzen* einer Reiz-Reaktions-Kombination fest. Die realisierte Reiz-Reaktions-Konsequenz-Kombination determiniert das jeweilige Modellereignis.

9.E Das jeweilige Modellereignis bestimmt eine mögliche *Veränderung der Konditionierungszustände* der Elemente von X entsprechend den in *Konditionierungsaxiomen* formulierten Annahmen.

9.2 Ein einfaches Beispielmodell

Die geschilderten Prinzipien sollen nun an einem Beispielmodell verdeutlicht werden. Dazu wählen wir wieder die wohl einfachste Form von Lernprozessen, nämlich das in Kapitel 4 bereits eingeführte einfache Paarlernen. Inhaltlich können wir uns jetzt allerdings ein schon etwas komplizierteres Beispiel vorstellen, etwa den Erwerb der notwendigen Kenntnisse und Einsichten zur richtigen Beantwortung einer der Kontrollfragen am Ende dieses Kapitels. Dabei dürfte einsichtig sein, daß es durchaus sinnvoll erscheint, eine Menge verschiedener Aspekte der Frage zu unterstellen, deren Beachtung bei einem solchen Lernprozeß von Belang ist. Die *Anzahl dieser Aspekte*, also die *Anzahl der Elemente von S*, sei mit N bezeichnet.
Da beim einfachen Paarlernen nur Prozesse betrachtet werden, bei denen auf jeder Stufe die gleiche Reizsituation vorgegeben wird, ist die Darbietungsmenge stets gleich der Aspektmenge. Wir erhalten das *Darbietungsaxiom:*

Auf jeder Lernstufe i ist die Darbietungsmenge $T_i = S$.

Als nächstes muß eine Vereinbarung über die möglichen Konditionierungszustände getroffen werden. Wir wählen wiederum den einfachsten Fall und unterstellen, jeder Aspekt sei jeweils auf die als richtig definierte Antwortklasse konditioniert oder nicht. Die *Anzahl der zu Beginn von* Stufe i auf die richtige Reaktion *konditionierten Aspekte* sei C_i. Dabei kann C_i jeden ganzzahligen Wert von Null bis einschließlich N annehmen. Wir können die verschiedenen Werte von C_i auch direkt als Zustände des zu analysierenden Lernprozesses auffassen. Ein Modell mit N Elementen in der Aspektmenge ergibt $N+1$ Zustände.
Weiterhin sei unterstellt, daß auf jeder Stufe – also bei jedem Vorlegen der betrachteten Kontrollfrage – genau n Aspekte beachtet werden. Wir nehmen also eine *feste Stichprobengröße* an und formulieren so das *Stichprobenaxiom:*

Auf jeder Lernstufe i enthält die aktivierte Stichprobe X_i genau n Elemente. Jeder Aspekt hat die gleiche Wahrscheinlichkeit, in X_i enthalten zu sein, nämlich n/N.

Ist C_i die Gesamtzahl der auf Stufe i richtig konditionierten Aspekte, so möge c_i die Anzahl der in X enthaltenen richtig konditionierten Aspekte sein. Die Reaktionswahrscheinlichkeiten sind sinnvollerweise so zu bestimmen, daß sie mit wachsendem c_i ebenfalls wachsen. Dies entspricht der inhaltlichen Überlegung, daß eine größere Zahl beachteter und bereits richtig verwertbarer Aspekte einer Frage wohl auch eher zu einer richtigen Antwort führt. Es mag damit naheliegend erscheinen, die Wahrscheinlichkeit einer richtigen Reaktion $p(+) = c_i/n$ zu setzen. Dabei ist jedoch nicht berücksichtigt, daß möglicherweise die richtige Antwort auch ›geraten‹ werden kann, wenn noch gar nichts gelernt wurde. Wir führen daher zusätzlich eine *Ratewahrscheinlichkeit g* ein und formulieren das *Reaktionsaxiom:*

Die Wahrscheinlichkeit einer richtigen Reaktion ist

[9.2.1] $$p_i(+) = \frac{c_i + g(n - c_i)}{n}.$$

Beim einfachen Paarlernen wird – wie bereits in Kapitel 4 ausgeführt wurde (siehe Seite 29f.) – unterstellt, daß auf jeder Stufe des Lernprozesses das gleiche Modellereignis eintritt. Praktisch können wir uns das etwa so vorstellen, daß nach jeder richtigen oder falschen Beantwortung der betrachteten Kontrollfrage die entsprechenden Teile dieses Kapitels erneut gelesen werden, und daß der Effekt dieses Lesens unabhängig von der vorausgegangenen Antwort ist. Damit lautet das *Verstärkungsaxiom* in diesem Fall schlicht:

Bei jedem Lernschritt findet die gleiche Verstärkung der richtigen Reaktion statt.

Der konditionierende Effekt einer solchen Verstärkung wirkt sich nur auf Aspekte der Frage aus, denen Beachtung geschenkt wurde, die also – in Modellausdrücken – in X_i enthalten sind. Auch eine solche Annahme leuchtet direkt ein. Schlägt ein Leser zur Verbesserung seiner Antwort auf eine Kontrollfrage noch einmal in diesem Kapitel nach, so wird er dabei jene Aussagen aufsuchen und sich einzuprägen versuchen, die seiner Ansicht nach Bezug zur Frage haben. Das bedeutet aber nichts anderes, als daß er nur jene Aspekte der Frage berücksichtigt, denen er seine Aufmerksamkeit zugewendet hat, und daß er andererseits genau die Aspekte vernachlässigt, die von ihm nicht als von der Fragestellung impliziert erkannt wurden. Zusätzlich sei unterstellt, daß bereits richtig konditionierte Aspekte diese Eigenschaft nicht wieder verlieren. Diese Überlegungen seien zusammengefaßt in dem *Konditionierungsaxiom:*

Jedes richtig konditionierte Element aus S behält auf jeder folgenden Stufe des Lernprozesses diese Eigenschaft. Jedes der in X_i enthaltenen $n - c_i$ noch nicht richtig konditionierten Elemente besitzt die gleiche Wahrscheinlichkeit r, auf der betrachteten Stufe richtig konditioniert zu werden.

Abbildung 9.1 dient der graphischen Veranschaulichung dieser Modellannahmen. Man kann sich die Aspekte der Lernsituation als verschiedenfarbige Kugeln vorstellen, wobei eine der Farben – etwa schwarz – die Konditionierung auf die als ›richtig‹ definierte Reaktion kennzeichnen möge. Die Aufmerksamkeit richtet sich nun auf n Aspekte; im Modell werden n Kugeln zufällig herausgegriffen. Die Anteile der verschiedenen Farben in dieser Auswahl X_i determinieren die Reaktionswahrscheinlichkeiten. Die Verstärkung der als ›richtig‹ definierten Reaktion führt dazu, daß jede der Kugeln in X mit Wahrscheinlichkeit r durch eine schwarze Kugel ersetzt wird. So entsteht am Ende einer Lernstufe das im unteren Teil von Abbildung 9.1 dargestellte neue Konditionierungsmuster.

Dieses Modell läßt sich leicht in die in Kapitel 4 benutzte Form von Reaktionswahrscheinlichkeiten für die einzelnen Modellzustände und Übergangswahrscheinlichkeiten für Zustandsänderungen bringen. Der Zustand zu Beginn der i-ten Lernstufe sei durch die Zahl der richtig konditionierten Aspekte in S gekennzeichnet. Es ist also

[9.2.2] $$Z_i = C_i.$$

Da das Stichprobenaxiom postuliert, jeder Aspekt habe die gleiche Wahrscheinlichkeit, in die Reizstichprobe aufgenommen zu werden, ist die relative Häufigkeit der richtig

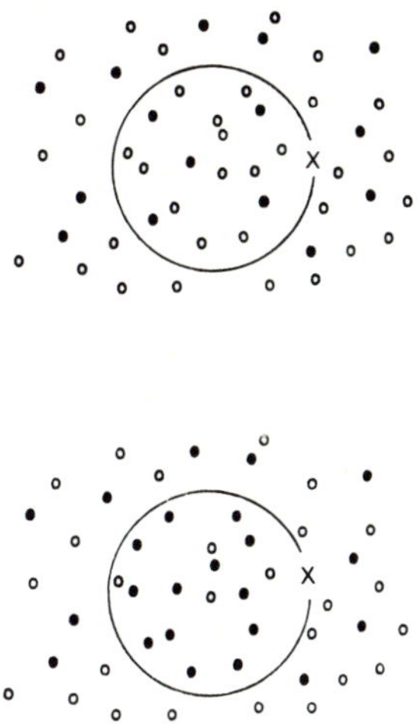

Abb. 9.1: Veränderung der Konditionierungszustände bei einem einfachen Reiz-Stichproben-Modell. Die kleinen Kreise repräsentieren Reiz-Aspekte, die innerhalb des mit ›X‹ gekennzeichneten großen Kreises liegenden kleinen Kreise solche Aspekte, die bei der betrachteten Stufe des Prozesses aktiviert werden. Ausgefüllte kleine Kreise stehen für Aspekte, die auf jene Reaktion konditioniert sind, die bei der betrachteten Stufe verstärkt wird. Die obere Abbildung zeigt die Situation vor einem Lernschritt, die untere jene am Ende dieses Schrittes. Man beachte, daß nur Aspekte in X ihren Zustand verändern.

konditionierten Elemente in X_i im Mittel (als Erwartungswert) gleich der entsprechenden relativen Häufigkeit in S. Es ist also

[9.2.3] $E(c_i/n) = C_i/N.$

Nimmt nun C_i einen bestimmten Wert k an, dann ist die *mittlere Wahrscheinlichkeit einer richtigen Reaktion* im Zustand $z_i = k$

[9.2.4] $$p(+|Z_i = k) = \frac{k + g(N-k)}{N}.$$

Diesen Ausdruck erhält man, indem man in [9.2.1] c_i durch seinen Erwartungswert gemäß [9.2.3] ersetzt und dann k statt C_i schreibt.
Insbesondere wird damit für den Zustand $Z_i = 0$ die Wahrscheinlichkeit einer richtigen Reaktion gleich der Ratewahrscheinlichkeit g, und für den anderen Extremzustand $Z_i = N$ ist diese Wahrscheinlichkeit gleich Eins.
Da aufgrund des Stichprobenaxioms bei jeder Stufe des Lernprozesses entweder die Zahl der richtig konditionierten Aspekte zunimmt oder unverändert bleibt, ist eine Verringerung von C beim Übergang von einem Zustand zum nächsten ausgeschlossen; das heißt, es ist

[9.2.5] $p(Z_{i+1} = j | Z_i = k) = 0$ für $j < k$.

Ein Übergang von $Z_i = k$ nach $Z_{i+1} = j$ für $j \geq k$ ergibt sich dagegen, wenn die Stichprobe X_i eine Anzahl u noch nicht richtig konditionierter Aspekte enthält, und wenn von diesen u Aspekten genau $j - k$ eine entsprechende Umkonditionierung erfahren. Es ist also

$$[9.2.6] \qquad p(Z_{i+1}=j|Z_i=k)=\sum_{u=A}^{B} p((n-c_i)=u)\,p(\Delta Z=(j-k)|(n-c_i)=u).$$

u kann nur dann Null werden, wenn S mindestens n bereits richtig konditionierte Aspekte enthält. Sind weniger Aspekte richtig konditioniert ($k<n$), dann können diese im Extremfall alle in X_i enthalten sein, und u ist mindestens gleich $n-k$. Die Untergrenze der Summation in [9.2.6] ist also

$$[9.2.7] \qquad \begin{array}{lll} A=0 & \text{für} & k\geq n, \\ A=n-k & \text{für} & k<n. \end{array}$$

Entsprechende Restriktionen gibt es für die Obergrenze B. Hier gilt:

$$[9.2.8] \qquad \begin{array}{lll} B=n & \text{für} & k\leq N-n, \\ B=N-k & \text{für} & k>N-n. \end{array}$$

Da kein Aspekt mehrfach in die Stichprobe X_r aufgenommen werden kann, folgt die Bildung und Zusammensetzung von X_i dem in der Statistik wohlbekannten Modell der Zufallsauswahl ohne Zurücklegen. Die Wahrscheinlichkeiten für die verschiedenen möglichen Anzahlen noch nicht richtig konditionierter Elemente in X_i bestimmen sich mithin nach der hypergeometrischen Verteilung als

$$[9.2.9] \qquad P((n-c_i)=u)=\frac{(N-k)!\,k!\,(N-n)!}{u!\,(N-k-u)!\,(n-u)!\,(k+u-n)!\,N!}.$$

Dabei bezeichnet s! (lies: s Fakultät) für jede natürliche Zahl s das Produkt aller natürlichen Zahlen von 1 bis einschließlich s. Für $s=0$ ist $s!=1$ und für $s<0$ ist $s!=0$.
Liegt die Anzahl der noch nicht richtig konditionierten Elemente in X_i mit u fest, dann erhält man die Wahrscheinlichkeiten für die verschiedenen möglichen Anzahlen von Aspekten, die neu auf die richtige Reaktion konditioniert werden, über die ebenfalls allgemein bekannte Binominalverteilung als

$$[9.2.10] \qquad p(\Delta Z=(j-k)|(n-c_i)=u)=\frac{u!}{(j-k)!\,(k+u-j)!}\,r^{j-k}(1-r)^{k+u-j}.$$

Der Satz aller Übergangswahrscheinlichkeiten ist dann aus [9.2.6], [9.2.9] und [9.2.10] bestimmbar.
Allgemein ist festzuhalten, daß dieses Modell Übergänge von einem Zustand k auf einen Zustand j nur ermöglicht, wenn $j\geq k$ ist; es gibt also in einem Lernprozeß keine ›Rückschritte‹. Weiterhin ist wichtig, daß $Z_{i+1}-Z_i$ höchstens gleich der Stichprobengröße n sein kann, denn bestenfalls können alle Aspekte in X_i bei einem Schritt zunächst unkonditioniert sein und vollständig konditioniert werden. Das Modell kennt also ein Maximum für den Lernfortschritt auf einer einzelnen Stufe. Setzt man die Gesamtzahl aller Aspekte N und die Stichprobengröße n gleich Eins, dann resultiert das in Kapitel 4 vorgestellte Alles-oder-Nichts-Modell. Bei $N=2$ und $n=1$ erhält man dagegen einen Spezialfall des 2-Elemente-Modells aus Kapitel 4. Läßt man schließlich bei konstantem Verhältnis n/N die Zahl der Aspekte N gegen unendlich gehen, dann ergibt sich das lineare Modell für einfaches Paarlernen als Grenzfall.

9.3 Weitere Modellvarianten

Die meisten Reiz-Stichproben-Modelle lassen sich nach der Anzahl der Elemente in der Aspektmenge S und nach bestimmten Eigentümlichkeiten der Stichprobenbildung unterscheiden. Betrachten wir zunächst die *Stichprobenbildung*. Eine Sonderstellung nehmen die Modelle mit $n=1$ ein. Bei ihnen bietet sich eine andere Interpretation als die bislang vorgestellte an. Es mag unter bestimmten Umständen plausibel sein anzunehmen, daß nicht einzelne Reizaspekte an verschiedene Reaktionen geknüpft werden, sondern ganze Wahrnehmungsmuster. Formal kann man dann S als eine Menge möglicher Wahrnehmungsmuster interpretieren, von denen bei jeder Realisierung einer Stufe des Lernprozesses genau eines aktiviert wird. Aus diesem Grunde werden Modelle mit $n=1$ auch als ›*Muster-Modelle (Pattern Models)*‹ bezeichnet und von den ›*Komponenten-Modellen (Component-Models)*‹ mit $n>1$ unterschieden. Eine wichtige formale Eigenschaft der Mustermodelle resultiert aus der Tatsache, daß hier jeweils nur ein Element aus S aktiviert wird, und daß mithin auf jeder Stufe des Lernprozesses maximal ein Element seinen Zustand ändern kann. Damit muß der Prozeß in jedem Einzelfall alle Zustände durchlaufen, bis er beim Endzustand anlangt, in dem – sofern stets das gleiche Modellereignis unterstellt wird – S vollständig auf die jeweils verstärkte Reaktion konditioniert ist, die dann mit Wahrscheinlichkeit Eins erfolgt. Komponenten-Modelle hingegen gestatten die gleichzeitige Konditionierung mehrerer Aspekte beim gleichen Lernschritt und mithin das ›Überspringen‹ einzelner Zustände im Lernprozeß.

Wenden wir uns nun den Komponenten-Modellen zu. Hier ist die Unterscheidung zwischen Modellen mit *fester Stichprobengröße* einerseits und mit *variabler Stichprobengröße* andererseits belangvoll. In unserem Beispielmodell haben wir n als feste Größe angenommen. Stattdessen hätten wir auch unterstellen können, daß jeder Aspekt eine bestimmte Wahrscheinlichkeit besitzt, mit der er beachtet wird. Die Stichprobengröße selbst würde dann zufällig variieren. Interpretiert man die Stichprobengröße bei einem Lernschritt als Modellrepräsentation des jeweiligen Aufmerksamkeitsgrades, so erscheint ein Modell mit variablem n vor allem bei der Analyse von Prozessen angemessen, bei denen Aufmerksamkeitsschwankungen belangvoll sind. Ein formaler Unterschied liegt darin, daß bei festem n auf jeder Stufe des Prozesses maximal n Aspekte neu konditioniert werden können; daß mithin eine Obergrenze des Lernfortschrittes pro Stufe festgelegt ist. Bei variablem n hingegen wird man den Extremfall $n=N$ nicht ausschließen. Solche Modelle gestatten – wenn auch mit möglicherweise sehr geringer Wahrscheinlichkeit – unter entsprechenden Extrembedingungen vollständiges Lernen mit nur einer Stufe, sogenanntes ›One-Trial-Learning‹.

Die unter [9.2.6], [9.2.9] und [9.2.10] angegebenen Ausdrücke für Übergangswahrscheinlichkeiten sind recht unhandlich. Sie vereinfachen sich beträchtlich bei Modellen mit nur einem oder zwei Aspekten. Dies ist vermutlich der rein praktische Grund dafür, daß Modelle mit $N=1$ und $N=2$ oft als ›*kleine Elementen-Modelle (Small Element Models)*‹ besonders herausgestellt und analysiert werden. Bei größerem N beschränkt man sich oft auf die wesentlich einfachere Ableitung mittlerer Lernkurven und verzichtet auf die explizite Darstellung von Übergangswahrscheinlichkeiten, die bestenfalls durch geeignete einfachere Ausdrücke approximiert werden. *Sehr großes N* ist bei Mustermodellen sinnlos, da hier wegen der konstanten Stichprobengröße von Eins Lernfortschritte sehr unwahrscheinlich werden. Bei den Komponenten-Modellen hingegen kann man mit wachsendem N auch n entsprechend wachsen lassen. Wie bereits erwähnt wurde, erhält man dann eine brauchbare Approximation durch das *lineare Modell*, das durch einen Grenzübergang für N gegen unendlich bei konstantem Verhältnis n/N ableitbar ist.

Wir wollen diese Hinweise nicht schließen, ohne noch auf einige spezifische Ansätze im Rahmen der Reiz-Stichproben-Theorie einzugehen. Bereits in frühen Arbeiten (etwa

Estes 1950) findet man die Vorstellung, daß Reizaspekte auch auf Reaktionen konditioniert sein können, die in der jeweiligen Lernsituation ausgeschlossen oder als ›verdeckte‹ Reaktionen nicht beobachtbar sind. Wir bezeichnen diese Aspekte als ›*neutrale Elemente*‹ (siehe etwa LaBerge 1959) und denken uns eine zugehörige ›*neutrale Reaktion*‹. Wird eine Reizstichprobe X aktiviert, so ergibt sich aus der Anzahl der neutralen Elemente auch eine Wahrscheinlichkeit für diese hypothetische neutrale Reaktion. Man kann sich nun vorstellen, daß diese Reaktion als in der gegebenen Situation unangemessen verworfen wird, und daß anschließend eine neue Stichprobe gezogen wird. Dieser Prozeß benötigt Zeit. Unterstellt man eine Verteilung für die zeitliche Dauer einer jeden neutralen Reaktion, so erhält man ein Modell, das Aussagen über die *Veränderung von Reaktionszeiten in Lernprozessen* gestattet. Da zu Anfang nur sehr wenige Elemente aufgrund irgendwelcher Vorerfahrungen auf die in der Lernsituation adäquaten Reaktionen konditioniert sein dürften, ist hier die Wahrscheinlichkeit neutraler Reaktionen recht groß. Im weiteren Verlauf werden dann immer mehr Aspekte auf die adäquaten Reaktionen konditioniert, neutrale Reaktionen werden seltener, die Anzahlen aufeinanderfolgender neutraler Reaktionen auf einer Stufe im Mittel kleiner, die Reaktionszeiten nehmen ab.

Schon früh in der Entwicklung der Reiz-Stichproben-Theorie tauchen Modelle auf, die das Konzept der ›*Reizfluktuation*‹ enthalten. Unter diesem Begriff verbirgt sich die Vorstellung, daß sich die Aufmerksamkeit eines lernenden Organismus keineswegs gleichmäßig auf alle Aspekte einer Lernsituation verteilt, sondern vielmehr bestimmte Aspekte gegenüber anderen bevorzugt, und daß eine solche Bevorzugung zeitlichen Veränderungen unterworfen ist. Im Modell bedeutet dies, daß jedes Element aus S seine eigene Wahrscheinlichkeit besitzt, mit der es in die Reizstichprobe X aufgenommen wird, und daß sich diese Wahrscheinlichkeiten gemäß einem Zufallsprozeß mit bestimmten mittleren Geschwindigkeiten in der Zeit verändern. Modelle mit derartigen Annahmen haben eine Reihe bermerkenswerter Eigenschaften. Wird etwa eine bestimmte Reaktion auf jeder Stufe des Lernprozesses verstärkt, und folgen die Stufen rasch aufeinander, so unterscheiden sich die Reizstichproben nur wenig (es werden überwiegend immer die gleichen Aspekte beachtet). Die Folge ist, daß der Lernprozeß wegen der relativ kleinen Teilmenge betroffener Aspekte rasch verläuft. Schließt man eine Extinktionsphase an, in der keine Verstärkungen mehr auftreten, und unterstellt man, daß die Extinktion zu einer unsystematischen Veränderung von Konditionierungszuständen führt, dann verläuft auch das ›Verlernen‹ relativ rasch. Besteht dagegen ein größerer zeitlicher Abstand zwischen den Lernschritten oder sind diese nach dem Muster der ›partiellen Verstärkung‹ durch Situationen getrennt, in denen keine systematische Umkonditionierung stattfindet, dann wird wegen der zeitlichen Aufmerksamkeitsfluktuation insgesamt ein größerer Anteil von Aspekten erfaßt. Der Prozeß verläuft langsamer, ist aber auch resistenter gegen Extinktion. Solche Modelle erfassen also Lernvorgänge mit *unterschiedlicher Extinktions-Resistenz* in Abhängigkeit von der *zeitlichen Verteilung* der Lernschritte und dem *Anteil verstärkter Reaktionen* (partielle gegen vollständige Verstärkung).

Modelle mit Reizfluktuation besitzen noch eine weitere wichtige Eigenschaft. Stellen wir uns vor, daß ein bestimmter Anteil aller Elemente aus S auf eine bestimmte Reaktion konditioniert ist, und daß diese Elemente weitgehend gleichmäßig über den gesamten Aspektbereich verteilt sind. Wir schließen nun eine Reihe von Extinktionsversuchen an, in denen keine Verstärkung stattfindet und die betroffenen Aspekte ihre Konditionierung auf die betrachtete Reaktion verlieren. Die Extinktionsversuche mögen dicht aufeinander folgen. Dann erstreckt sich das ›Verlernen‹ vornehmlich auf jene Aspekte, die gerade hohe Beachtungswahrscheinlichkeiten besitzen. Warten wir einige Zeit ab, so können wir zu einem späteren Zeitpunkt eben wegen der Stichprobenfluktuation mit höherer

Wahrscheinlichkeit eine Reizstichprobe erwarten, die relativ viele von der Extinktion nicht betroffene Aspekte enthält. Die Wahrscheinlichkeit der Reaktion steigt also nach einer Wartezeit wieder an, und das Modell sagt so ein Phänomen voraus, daß als ›*Spontanerholung*‹ bekannt und in bestimmten Bereichen experimentell nachgewiesen ist.

Als letztes wollen wir noch einen Blick auf Modelle werfen, die für *Prozesse mit verschiedenen Reizen* auf unterschiedlichen Lernstufen angemessen sind. Ein Schüler möge beispielsweise trainieren, bei einer bestimmten Art von Problemen A eine Lösungstechnik U und bei einer anderen Problemart B einen Lösungsansatz V einzusetzen. Problemtypen und Lösungstechniken sollen so aufeinander abgestimmt sein, daß die jeweils richtige Zuordnung zu einem besseren (bzw. rascheren) Erfolg führt. Ein Modell hierfür würde eine Aspektmenge S unterstellen, die alle Aspekte der überhaupt vorkommenden Probleme enthält. Da die A-Probleme und die B-Probleme unterschieden werden können, steht allerdings bei Darbietung eines A-Problems eine andere Teilmenge T aus S zur Verfügung als bei der Vorlage eines B-Problems. Besitzen diese Darbietungsmengen keine gemeinsamen Elemente, dann können wir im Modell zwei getrennte Lernprozesse unterstellen. Nun mögen aber gemeinsame Elemente vorhanden sein. Die relative Anzahl solcher gemeinsamen Elemente kann man interpretativ als einen Indikator der ›*Ähnlichkeit*‹ zwischen beiden Problemarten umschreiben. Was geschieht nun im Lernmodell? Wird ein A-Problem vorgelegt und erfolgreich mit der Technik U gelöst, dann werden einige Aspekte aus der Darbietungsmenge für A-Probleme auf U konditioniert. Da die Darbietungsmengen aber gemeinsame Elemente enthalten, sind möglicherweise einige dieser Aspekte auch für B-Probleme repräsentativ. Es wird also gleichzeitig auch die Wahrscheinlichkeit einer (falschen) U-Reaktion bei B-Problemen erhöht. Da dieser Effekt auch in der umgekehrten Richtung läuft, hat dies zunächst zur Folge, daß keine der beiden Zuordnungen vollständig gelernt werden kann. Der Prozeß konvergiert gegen einen Endzustand, in dem die Möglichkeit richtiger Verhaltensweisen durch bestimmte Verwechslungswahrscheinlichkeiten zwischen den Problemklassen begrenzt ist. Wir haben das empirisch bekannte Phänomen der *Reizgeneralisation* erfaßt. Nun wird zusätzlich angenommen, daß die Beachtungswahrscheinlichkeiten jener Aspekte, die nicht zur Unterscheidung zwischen den beiden Problemtypen beitragen, im Laufe des Prozesses geringer werden. Der Schüler lernt also nicht nur den Einsatz adäquater Problemlösetechniken, sondern er lernt zusätzlich, seine Aufmerksamkeit vorwiegend auf die zur Unterscheidung der Problemklassen relevanten Aspekte zu richten. Damit nimmt der Generalisationseffekt ab und wir haben ein Modell für *Unterscheidungslernen* vor uns. Modelle dieser Art können recht verschiedenartige Lernkurven erzeugen. So ist es etwa möglich, daß die Wahrscheinlichkeit einer richtigen Reaktion in einer bestimmten Situation aufgrund der Ähnlichkeit mit einer anderen Situation, in der eben diese Reaktion falsch ist, zunächst absinkt, um dann später aufgrund der veränderten Beachtungswahrscheinlichkeiten für einzelne Situationsaspekte wieder anzusteigen.

Man könnte die Reihe der Hinweise auf Reiz-Stichproben-Modelle für spezifische Lernprobleme und spezifische Phänomene noch lange fortsetzen. Die hier angesprochenen Spezialmodelle dürften jedoch ausreichen, um dem Leser einen ersten Eindruck von der Vielseitigkeit der Prinzipien solcher Modelle zu vermitteln. Zugleich sollte gezeigt werden, daß stochastische Lernmodelle keineswegs nur für die Analyse sehr simpler Konditionierungs- und Paarlern-Prozesse geeignet sind, sondern auch recht komplexe Vorgänge mit vielfältigen und verschiedenartigen Eigenheiten repräsentieren können. Wenn in der Literatur – und auch in diesem Buch – ausführliche Modelldarstellungen überwiegend simple und realitätsferne Laborsituationen modellieren, dann nur deshalb, weil dort Aufbau und Arbeitsweise noch am ehesten übersichtlich darstellbar sind.

9.F Als *Muster-Modelle* bezeichnet man Reiz-Stichproben-Modelle mit einer festen Stichprobengröße von Eins. Bei ihnen durchläuft jeder Lernprozeß auf dem Wege von einem zu einem andern Zustand alle zwischenliegenden Stufen. Alle anderen Modelle heißen auch *Komponenten-Modelle.*

9.G Bei Komponentenmodellen mit *fester Stichprobengröße* ist ein Maximum des Lernfortschritts bei jeder einzelnen Stufe des Prozesses festgelegt. *Variable Stichprobengröße* hingegen schließt auch den Extremfall des ›One-Trial-Learning‹ nicht aus.

9.H *Kleine Elementen-Modelle* mit ein oder zwei Aspekten führen zu Vereinfachungen im Formalismus, die sie für die Überprüfung einzelner Modellannahmen besonders geeignet erscheinen lassen. Prozesse in Komponenten-Modellen mit *sehr großer Aspektmenge* können durch lineare BM-Modelle approximiert werden.

9.J Modelle mit *neutralen Reaktionen* gestatten Aussagen über die Veränderung von *Reaktionszeiten* in Lernprozessen. Das Prinzip der *Reizfluktuation* erlaubt die Konstruktion von Systemen mit *unterschiedlicher Extinktions-Resistenz* bei gleichen Reaktionswahrscheinlichkeiten. Damit lassen sich Effekte *partieller Verstärkung* und Vorteile von *Pausen in Lernprozessen* analysieren. Auch *Spontanerholung* ist in solchen Modellen möglich.

9.K Sieht ein Reiz-Stichproben-Modell *unterschiedliche Darbietungsmengen* vor, so kann man *Generalisationseffekte und Unterscheidungslernen* erklären.

9.4 Fragen

1. Wir konstruieren ein einfaches Mustermodell; auf jeder Stufe wird eines von N Mustern aktiviert, wobei jedem Muster die gleiche Wahrscheinlichkeit zukommt. Jedes Muster ist auf eine von zwei Reaktionen konditioniert, von denen eine als ›richtig‹ definiert sei. Es erfolgt jeweils jene Reaktion, auf die das aktivierte Muster konditioniert ist. Weiterhin wird das aktivierte Muster am Ende einer Lernstufe auf die richtige Reaktion konditioniert (sofern dieser Zustand nicht bereits vorliegt). Geben Sie bitte die Elementarzustände und die Operatoren.
2. Wie lauten die Reaktionswahrscheinlichkeiten und die Übergangswahrscheinlichkeiten für die Zustände des in Frage 1 beschriebenen Modells?
3. Welche Art von Ereigniskontrolle liegt in diesem Modell vor (und mit welcher Besonderheit)?

9.5 Weiterführende Literatur

Als ausführlichere Einführungen in Reiz-Stichproben-Modelle können ein Artikel von Atkinson und Estes (1963) und das 8. Kapitel des Buches von Atkinson, Bower und Crothers (1965, S. 343–372) dienen. Die Grundgedanken der einfachen Modellvarianten sind innerhalb des 9. Kapitels bei Coombs, Dawes und Tversky (1970, S. 279–291) einfach und übersichtlich dargestellt. Einen ausgezeichneten Einblick in die Fülle verschiedener Einzelmodelle bieten die Arbeiten in einem von Neimark und Estes (1967) herausgegebenen Sammelband. An dieser Stelle können wir daher weitere Hinweise auf solche Einzelarbeiten beschränken, die mehr oder weniger typische Repräsentanten bestimmter Varianten darstellen. Das sind etwa Arbeiten zum Unterscheidungslernen (Friedman und Gelfaud 1964, Lynn 1969, Thomson und Skvarcius 1972) und für – in diesem Buch nicht behandelte – zeit-kontinuierliche Prozesse (Suppes und Donio 1967, Arnold 1967, Donio 1969), sowie Modelle mit neutralen Elementen (La Berge 1959) und mit mehreren Konditionierungsstufen für jedes Reizelement (Atkinson 1961). Die Gedanken zum Konzept der Reizfluktuation findet man recht klar in einer frühen Arbeit von Estes (1955).
An allgemeinen Veröffentlichungen zur Reiz-Stichprobentheorie sei noch die ›klassische‹ erste Arbeit von Estes (1950) und der neueste Versuch einer allgemeinen Axiomatik von Estes und Suppes (1974) erwähnt.

10. Operatorenfamilien und Markoff-Prozesse

Inhalt:

In diesem abschließenden Kapitel werden die bei der Analyse verschiedener Modellklassen oft benutzten Konzepte ›Operatorenfamilie‹ und ›Markoff-Prozeß‹ kurz eingeführt. Zusätzlich wird bei einer bestimmten Art von Operatorenfamilien beispielhaft auf das β-Modell hingewiesen, das in diesem Buch noch nicht vorgestellt wurde.

10.1 Das Konzept der Operatorenfamilie

Bei der Entscheidung darüber, welches Lernmodell zur Erfassung einer bestimmten Art von Lernprozessen heranzuziehen ist, benötigt man Informationen über die Eigenschaften verschiedener Modelle. Dabei sind häufig solche Eigenschaften gefragt, die ein bestimmter Modellansatz unabhängig von spezifischen Eigentümlichkeiten der Gestaltung eines Lernprozesses aufweist. Wir haben in Kapitel 8 am Beispiel der linearen Modelle darauf hingewiesen, daß je nach Art der im Prozeß realisierten Ereigniskontrolle unterschiedliche spezifische Modelle resultieren (siehe Seite 75f.). Ist nun etwa ein Modell zur Erfassung des Übungsfortschrittes beim Training von Problemlösetechniken gefragt, so interessiert zunächst nicht, welche Eigenschaften bestimmte Modelle mit vollständiger Verstärkung (Information über das richtige Vorgehen nach jeder Aufgabenbearbeitung), mit ›Subject-Controlled-Events‹ (z. B. nur Information über ›richtig‹ oder ›falsch‹ je nach dem Verhalten einer Person bei einer Aufgabe) oder mit ›Experimenter-Subject-Controlled-Events‹ (z. B. nur Information über ›richtig‹ oder ›falsch‹, dies aber nicht nach jeder Aufgabe) besitzen. Gesucht ist vielmehr eine Modellklasse, die sich bei allen diesen Varianten möglichst gut eignet, um Daten zum Problemlösetraining zu analysieren und Entscheidungen über die Planung solcher Prozesse zu ermöglichen. Derartige Informationen sind sogar unumgänglich, wenn das auszuwählende Modell gerade als Hilfe bei einer Entscheidung darüber herangezogen werden soll, welches denn nun die optimale Steuerung eines derartigen Trainings sei.
Die skizzierten Gestaltungsvarianten eines Trainingsprogramms werden in jedem stochastischen Lernmodell durch unterschiedliche Ereigniswahrscheinlichkeiten bei den im Modell spezifizierten Zuständen repräsentiert. So ist bei ›Subject-Controlled-Events‹ ein Ereignis jeweils durch die Reaktion des Lernenden bestimmt; die Ereigniswahrscheinlichkeiten sind mithin Reaktionswahrscheinlichkeiten. Bei ›Experimenter-Controlled-Events‹ hingegen treten die zustandsändernden Ereignisse unabhängig von den Reaktionen und im allgemeinen (sofern nicht entsprechende Entscheidungsregeln für einen ›Lehrer‹ eingebaut sind) auch unabhängig von den Zuständen auf. Die aus den geschilderten Gründen häufig notwendige Kenntnis von Modelleigenschaften, die gegenüber solchen Variationen invariant sind, legt es nahe, Klassen von Modellen zu untersuchen, die sich lediglich durch die Wahrscheinlichkeiten von Ereignissen bei gegebenen Zuständen unterscheiden. Wir charakterisieren zu diesem Zweck eine Modellklasse durch die Zustände, die in den einzelnen Modellen benutzt werden, durch die in ihnen definierten Ereignisse und durch die Operatoren als Beschreibungen von Zustandsänderungen. Ein derartiges System bezeichnet man als eine ›*Operatorenfamilie*‹.

Eine *Operatorenfamilie* ist ein System $\langle Z, E, f \rangle$. Dabei bezeichnet
- Z eine Menge von Elementarzuständen,
- E eine Menge von Elementarereignissen, und
- f eine Menge von Operatoren, wobei zu jedem Ereignis ein Operator gehört, der jedem Zustand z jenen Zustand z′ zuordnet, der auf z folgt, sofern das betrachtete Ereignis eintritt.

Jenen Lesern, die Schwierigkeiten beim Verständnis dieser Definition haben, weil ihnen die darin vorkommenden Begriffe nicht recht geläufig sind, wird dringend empfohlen, die in den Kapiteln 2 und 3 vorgestellten Konzepte noch einmal nachzulesen, da diese im weiteren Verlauf dieses Kapitels häufiger benutzt werden.
In der Praxis ist es oft belangvoll, nicht nur Eigenschaften von Lernmodellen zu kennen, die sich aus den Zustandsänderungen auf jeweils einer Stufe des Lernprozesses ergeben, sondern auch solche, die mit den Effekten von *Ereignisfolgen* unterschiedlicher Länge zusammenhängen. Dazu dient die Analyse der *Erweiterung* einer Operatorenfamilie.

Die *Erweiterung* einer Operatorenfamilie $\langle Z, E, f \rangle$ ist ein System $\langle Z, \mathit{E}, \mathit{f} \rangle$. Dabei bezeichnet
E die Menge aller endlichen Folgen von Elementarereignissen aus E, und
f eine Menge von Operatoren, wobei zu jeder Ereignisfolge ein Operator gehört, der jedem Zustand z jenen Zustand z' zuordnet, der resultiert, wenn beginnend in z die Ereignisse der betrachteten Folge nacheinander eintreten.
Ist eine Operatorenfamilie gleich ihrer Erweiterung, so heißt sie *abgeschlossen.*

Als Beispiel diene das ›2-Elemente-Modell‹ zum einfachen Paarlernen aus Kapitel 4 (siehe Seite 32). Die Zustandsmenge umfaßt die drei Zustände U, Z und C. Wir müssen mindestens drei Ereignisse e_0, e_1 und e_2 unterscheiden. Der Operator für e_0 sei der Identitätsoperator, der jeden gegebenen Zustand unverändert läßt. e_1 möge U in Z überführen, während Z und C unverändert bleiben. Bei e_2 hingegen sollen U und C unverändert bleiben, während ein Übergang von Z nach C stattfindet. Setzt man die Wahrscheinlichkeit von e_1 im Zustand U gleich a und die von e_2 im Zustand Z gleich b, so ergibt sich die unter [4.2.8] auf Seite 32 genannte Übergangsmatrix, und man sieht, daß das 2-Elemente-Modell zur beschriebenen Operatorenfamilie gehört. Diese Familie ist nicht abgeschlossen. Eine Folge von zwei Ereignissen kann beispielsweise einen Übergang von U nach C bewirken; dies ist bei der geschilderten Operatorenfamilie nicht möglich.

10.2 Quasi-additive Systeme

Welche Aussagen über Operatorenfamilien sind nun möglich? Bislang ist diese Frage nur für einige wenige Eigenschaften von Lernmodellen untersucht worden. Wir wollen ein Beispiel herausgreifen. In Kapitel 8 haben wir bei linearen Operatoren die Bedingungen für *Kommutativität* von Ereignissen kennengelernt (siehe Seite 74). Diese Eigenschaft ist unabhängig von Ereigniswahrscheinlichkeiten und kann damit anhand der jeweiligen Operatorenfamilie untersucht werden. Wir können die auf Seite 74 angegebene Definition kommutativer Ereignisse direkt übertragen und erhalten:

Eine Operatorenfamilie ist genau dann *kommutativ*, wenn in ihrer Erweiterung für beliebige Ereignispaare e, e' gilt:

[10.2.1] $f_{ee'}(z) = f_{e'e}(z)$ für alle $z \in Z$.

Interessant sind Operatorenfamilien, bei denen eine *Ordnung der Zustände* definiert ist. Dieser Fall liegt immer dann vor, wenn ein Prozeß betrachtet wird, in dem eine bestimmte Reaktionsart als ›*richtige Reaktion*‹ ausgezeichnet ist. Wir können dann jenen von zwei Zuständen als ›größer oder gleich‹ dem anderen bezeichnen, bei dem die Wahrscheinlichkeit eben dieser richtigen Reaktion ›größer oder gleich‹ ist; das heißt:

Es sei genau dann $z \leq z'$, wenn $p(+|z) \leq p(+|z')$ ist.

Wir definieren nun drei leicht nachprüfbare Eigenschaften von Operatorenfamilien mit einer derartigen Ordnung der Zustände.

1. Eine Operatorenfamilie ist genau dann *monoton*, wenn für jedes Zustandspaar z, z' bei beliebigem Operator f_e aus f

   $z \leq z'$ genau dann, wenn $f_e(z) \leq f_e(z')$.

   Dies bedeutet, daß jedes Ereignis einen kleineren Zustand auch wieder in einen kleineren Zustand überführt.
2. Eine Operatorenfamilie ist genau dann *archimedisch*, wenn gilt:
   a) für mindestens einen Zustand existiert sowohl ein Ereignis, das zu einem größeren Zustand führt, als auch ein solches, das zu einem kleineren führt;
   b) mit jedem zustandsverkleinernden Ereignis ist es möglich, durch endlich häufige Hintereinanderschaltung ausgehend von jedem beliebigen Zustand jeden anderen zu unterschreiten oder zumindest zu erreichen;
   c) entsprechend kann man durch endlich häufige Wiederholung eines jeden zustandsvergrößernden Ereignisses ausgehend von jedem beliebigen Zustand jeden anderen übertreffen oder zumindest erreichen.
3. Eine Operatorenfamilie heißt genau dann *lösbar*, wenn gilt:
   Führt die Anwendung eines Operators f_e auf einen Zustand unterhalb (bzw. oberhalb) eines anderen Zustandes z zu einem Überschreiten (bzw. Unterschreiten) oder Erreichen von z, dann existiert eine Ereignisfolge, deren Operator den betrachteten Ausgangszustand genau in z überführt.

Man kann leicht einsehen, daß die Annahme monotoner, archimedischer und lösbarer Operatorenfamilien bei den meisten Prozessen plausibel erscheint, die so etwas wie einen Leistungsstand verändern. Die gleiche Maßnahme (Ereignis) auf zwei unterschiedliche Leistungsstände angewandt, wird beim schlechteren Stand ein Resultat haben, das unterhalb jenes Resultates liegt, das sich beim besseren Ausgangsstand ergibt. Dies entspricht der Monotonie. Es ist auch leicht einzusehen, daß es zumindest *einen* Leistungsstand gibt, der sowohl verbessert als auch verschlechtert werden kann. Das braucht nicht für alle Leistungsstände zu gelten; ein Maximum, das nicht mehr zu verbessern ist, ist also nicht ausgeschlossen. Unterstellt man weiterhin, daß verschiedene Maßnahmen der Gestaltung einzelner Schritte zwar möglicherweise das Lerntempo beeinflussen oder sogar einen Leistungsrückgang zur Folge haben können, daß aber keineswegs aus verschiedenen Ereignissen unterschiedliche Maxima (oder Minima) des überhaupt bei entsprechendem Zeitaufwand Möglichen folgen, dann ist damit auch eine archimedische Operatorenfamilie angemessen. Die Lösbarkeit ist in diesem Zusammenhang nur noch eine rein technische Annahme ohne empirische Konsequenzen.
Ob bei einem Prozeß die Annahme *kommutativer* Ereignisse unangemessen ist oder nicht, ist eine empirisch kontrollierbare Frage. Ist sie bei einer konkreten Problemstellung positiv zu beantworten, und sind die geschilderten übrigen Annahmen ebenfalls plausibel begründbar, dann ist eine kommutative, monotone, archimedische und lösbare Operatorenfamilie angemessen, die – wie sich formal nachweisen läßt – eine sogenannte ›*quasiadditive Operatorenfamilie*‹ ist. Das bedeutet, daß sich jedem Zustand z eine reelle Zahl h(z) und jedem Ereignis e eine reelle Zahl k(e) derart zuordnen läßt, daß gilt:
1. $z \leq z'$ genau dann, wenn $h(z) \leq h(z')$; und
2. $h(f_e(z)) = h(z) + k(e)$.

Wir können also in diesem Fall die Zustände durch Zahlen so darstellen, daß jede Zustandsänderung durch eine schlichte Addition repräsentiert wird. Da überdies die Kennwerte für die Ereignisse Verhältnisskalen-Niveau besitzen, sind die Effekte verschiedener Gestaltungsmöglichkeiten einzelner Lernschritte gut vergleichbar.

Ein Lernmodell, das einer solchen Operatorenfamilie zugehört, soll zur Verdeutlichung kurz skizziert werden. Dazu sei das ›*β-Modell*‹ in seiner einfachsten Form gewählt. Wir betrachten nur zwei Arten von Reaktionen, etwa ›richtige‹ und ›falsche‹. Die Wahrscheinlichkeit einer Reaktionsklasse (etwa einer ›richtigen‹ Reaktion) auf der i-ten Stufe des Lernprozesses sei p_i. Jeder Zustand des Prozesses möge durch eine reelle Zahl v dargestellt werden, v_i sei der Kennwert des Zustandes auf Stufe i. Dann wird folgender Zusammenhang zwischen Reaktionswahrscheinlichkeiten und Zustandswerten postuliert:

[10.2.1] $$p_i = \frac{v_i}{1+v_i} \quad \text{bzw.} \quad v_i = \frac{p_i}{1-p_i}.$$

Zu jedem Ereignis e gehöre eine reelle Zahl β_e. Tritt nun auf Stufe i das Ereignis e ein, dann sei

[10.2.2] $$v_{i+1} = \beta_e v_i.$$

Zustandsänderungen werden also durch einfache Multiplikation mit einem ereigniskennzeichnenden Faktor erfaßt. Da jedem v-Wert umkehrbar eindeutig ein p-Wert entspricht, kann man auch die Reaktionswahrscheinlichkeiten p selbst zur Zustandskennzeichnung benutzen; das Modell ist mithin ein BM-Modell. Die bei der Beschreibung quasi-additiver Operatorenfamilien gewählte Form der Zustandsänderung als Addition erhält man, indem man beide Seiten von [10.2.2] logarithmiert. Auf diese Weise wird jede Stufe des Lernprozesses dargestellt durch

[10.2.3] $$h_{i+1} = k_e + h_i$$

$$\text{mit } h_i = \log \frac{p_i}{1-p_i}$$

$$\text{und } k_e = \log \beta_e.$$

In letzter Zeit wird das β-Modell zunehmend häufiger in eben dieser Form benutzt und dann als ›*linear logistisches Modell*‹ bezeichnet. In einem Buch von Spada (1976) kann der interessierte Leser eine Fülle von Einzelheiten über diesen Ansatz, seine Einbettung in allgemeine denkpsychologische Modellansätze und Anwendungsmöglichkeiten (insbesondere bei pädagogischen Problemen) erfahren.
Wir wollen hier auf die Behandlung weiterer interessanter Klassen von Operatorenfamilien verzichten und einige zentrale Aussagen lediglich noch einmal zusammenfassen:

10.A Eine *Operatorenfamilie* ist ein Tripel ⟨Z, E, f⟩ aus einer Zustandsmenge Z, einer Menge von Elementarereignissen E und einer zugehörigen Operatorenmenge f.
10.B Die *Erweiterung* einer Operatorenfamilie ⟨Z, *E*, *f*⟩ enthält als *E* die Menge aller endlichen Folgen von Ereignissen aus E und als *f* die Menge der zugehörigen Folgenoperatoren.
10.C Die *Analyse von Operatorenfamilien und deren Erweiterungen* dient dem Nachweis von Eigenschaften einzelner Klassen von Lernmodellen, die invariant gegen Änderungen von Ereigniswahrscheinlichkeiten sind.

10.3 Markoff-Prozesse

Stellen die Operatorenfamilien ein geeignetes Hilfsmittel zur Modellanalyse dar, das von Ereigniswahrscheinlichkeiten abstrahiert, so sind Probleme mit Berücksichtigung dieser Wahrscheinlichkeiten häufig einfach zu lösen, wenn man Lernprozesse als Markoff-Prozesse darstellt und die für diesen Bereich in der Mathematik reichlich vorhandenen Sätze heranzieht. Dieser Abschnitt bringt gegenüber den vorausgegangenen Ausführungen in diesem Buch kaum Neues; er will lediglich eine Terminologie kurz vorstellen, die in der einschlägigen Literatur häufig anzutreffen ist, und die der Leser daher kennen sollte.

Jede Stufe eines Lernprozesses ist in einem stochastischen Lernmodell durch die Angabe eines Elementarzustandes und eines Elementarereignisses vollständig beschrieben. Wir bezeichnen mit $Z \times E$ die Menge aller Kombinationen aus je einem Zustand und einem Ereignis. Jeder individuelle Lernprozeß ist dann im Modell eine Folge von Elementen aus dieser Menge. Aus den einführenden allgemeinen Überlegungen in Kapitel 3 und aus allen besprochenen Beispielmodellen folgt, daß die Wahrscheinlichkeiten für die verschiedenen möglichen Kombinationen auf einer Position lediglich von der auf der vorangegangenen Stufe gegebenen Kombination abhängen.

Man bezeichnet allgemein Prozesse, bei denen die Wahrscheinlichkeiten für die verschiedenen möglichen Werte einer Stufe lediglich vom Wert der vorangegangenen Stufe abhängen, als *Markoff-Prozesse.*

Damit können wir also aussagen,

daß *Lernprozesse* in stochastischen Lernmodellen als *Markoff-Prozesse auf der Menge* $Z \times E$ dargestellt werden.

A sei eine beliebige Klasse von Zustands-Ereignis-Kombinationen. Dann existiert eine Wahrscheinlichkeit

$$P(\langle Z_{i+1}, E_{i+1}\rangle \in A \mid Z_i = z, E_i = e).$$

Dabei sei Z_i eine Variable, die als Wert den auf Stufe i vorliegenden Zustand, und E_i eine solche, die als Wert das auf der gleichen Stufe realisierte Ereignis annimmt. Die Wahrscheinlichkeitseigenschaften eines jeden spezifischen Lernmodells können also durch Funktionen

[10.3.1] $K(\langle z,e\rangle;\, A) = P(\langle Z_{i+1}, E_{i+1}\rangle \in A \mid Z_i = z, E_i = e)$

beschrieben werden.

Funktionen dieser Art, die das Wahrscheinlichkeitsverhalten beim Übergang von einer Stufe eines Markoff-Prozesses zur nächsten regeln, nennt man ›*stochastische Kerne*‹.

Wir betrachten nun den Sonderfall, bei dem $Z \times E$ eine endliche Menge ist. z und e mögen einelementige Teilmengen aus Z beziehungsweise E bezeichnen. Dann existieren endlich viele sogenannte ›*Übergangswahrscheinlichkeiten*‹

[10.3.2] $t(\langle z,e\rangle; \langle z',e'\rangle) = P(Z_{i+1} = z', E_{i+1} = e' \mid Z_i = z, E_i = e).$

Diese Wahrscheinlichkeiten werden häufig in Form einer ›*Übergangsmatrix*‹ dargestellt. Man ordnet die einzelnen Werte in Zeilen und Spalten an, wobei t_{ij} in der i-ten Zeile und der j-ten Spalte steht. t_{ij} gibt dann die Wahrscheinlichkeit an, mit der ein Übergang von der i-ten Zustands-Ereignis-Kombination zur j-ten Zustands-Ereignis-Kombination erfolgt. Aus den Übergangswahrscheinlichkeiten lassen sich die übrigen stochastischen Kerne berechnen.

Die Wahrscheinlichkeit eines Übergangs von einer Kombination zur nächsten ist selbstverständlich gleich Null, wenn der Zustand der neuen Kombination aufgrund der vorhergegangenen Kombination nicht möglich ist. Ist er dagegen möglich, so ist die Übergangswahrscheinlichkeit nichts weiter als die Wahrscheinlichkeit, mit der das angegebene neue Ereignis dem neuen Zustand folgt, da dieser selbst durch die vorangegangene Kombination determiniert ist. Diesen Tatbestand können wir leicht formal darstellen, indem wir zunächst eine Hilfsfunktion χ einführen, für die gilt

[10.3.3] $$\chi_{z,z'}(e) = \begin{cases} 1, \text{ wenn } f_e(z) = z' \\ 0, \text{ wenn } f_e(z) \neq z'. \end{cases}$$

Dabei ist f_e der zu e gehörende Operator. χ ist also für ein bestimmtes Ereignis genau dann gleich Eins, wenn dieses Ereignis den ersten zusätzlich angegebenen Zustand in den zweiten überführt. Wir können nunmehr schreiben

[10.3.4] $$t(\langle z,e\rangle ; \langle z',e'\rangle) = \chi_{z,z'}(e)\, P(e'|z').$$

Von besonderem Interesse ist die Frage, ob sich aus einem Lernprozeß wiederum ein Markoff-Prozeß ergibt, wenn man die Menge der Zustands-Ereignis-Kombinationen irgendwie aufteilt und lediglich die Zugehörigkeit der einzelnen Stufen zu den Klassen dieser Aufteilung betrachtet. Es seien A, B Elemente einer solchen Aufteilung. Ein Übergang aus B nach A kann dann von den verschiedenen Elementen aus B ausgehen. Die Wahrscheinlichkeit eines solchen Überganges ergibt sich also als Summe der Übergangswahrscheinlichkeiten für die verschiedenen Elemente aus B, die mit den bedingten Wahrscheinlichkeiten dieser Elemente bei gegebenem B zu gewichten sind. Es ist also

[10.3.5] $$P(\langle Z_{i+1}, E_{i+1}\rangle \in A | \langle Z_i, E_i\rangle \in B) = \\ = \sum_{\langle z',e'\rangle \in B} K(\langle z',e'\rangle ; A)\, P(Z_i = z', E_i = e' | \langle Z_i, E_i\rangle \in B).$$

Die am Ende dieser Formel auftauchenden bedingten Wahrscheinlichkeiten für Zustands-Ereignis-Kombinationen sind nicht in jedem Fall von der Vorgeschichte bis zu einer bestimmten Position unabhängig. Damit ist nicht gesichert, daß jede Aufteilung von $Z \times E$ wiederum auf einen Markoff-Prozeß führt. Wir halten fest,

> daß nicht jede Aufteilung der Menge aller Zustand-Ereignis-Kombinationen dann, wenn man die einzelnen Stufen eines Lernprozesses lediglich durch die Zugehörigkeit zu einer dieser Klassen kennzeichnet, wiederum einen Markoff-Prozeß ergibt.

Nach [10.3.5] ergibt sich sicher ein Markoff-Prozeß, wenn für alle Klassen der Aufteilung gilt:

[10.3.6] $P(Z_i = z, E_i = e | \langle Z_i, E_i\rangle \in B)$ ist
unabhängig von der Vorgeschichte.

Wir betrachten dazu einige Anwendungsfälle. Zunächst teilen wir die Menge aller Zustands-Ereignis-Kombinationen auf in Klassen solcher Kombinationen, bei denen der gleiche Zustand gegeben ist. Die Aussage, es liege eine Kombination aus einer bestimmten Klasse dieser Aufteilung vor, ist dann gleichbedeutend mit der Aussage, es sei ein bestimmter Zustand gegeben. [10.3.6] nimmt die Form an:

[10.3.7] $$P(Z_i = z, E_i = e | Z_i = z) = P(E_i = e | Z_i = z).$$

Diese Ereigniswahrscheinlichkeiten sind von der Vorgeschichte und von früheren Zuständen unabhängig (siehe Seite 26). Damit erfüllt die Aufteilung der Menge aller Zustands-Ereignis-Kombinationen in die Menge aller Zustände die angegebene Bedingung für einen Markoff-Prozeß. Wir halten fest:

> Die *Folge* der in einem Lernprozeß realisierten *Elementarzustände* wird als das Ergebnis eines Markoff-Prozesses dargestellt.

Mit C bezeichnen wir eine Klasse von Zustands-Ereignis-Kombinationen, die einer Aufteilung entstammt, die innerhalb bestimmter Arten von Ereignissen nicht mehr unterscheidet, die Zustände jedoch unangetastet läßt. Dann ist

[10.3.8] $$P(Z_i=z, E_i=e|\langle z_i, e_i\rangle \in C) = \\ = P(Z_i=z, E_i=e|Z_i=z, E_i \in C'),$$

wobei C′ die Klasse aller Ereignisse ist, die in den Kombinationen aus C vorkommen können. In der unter [10.3.8] angegebenen Wahrscheinlichkeit kann man vor dem Bedingungsstrich die Zustandsangabe streichen, da der hier geforderte Zustand wegen der angegebenen Bedingung sicher vorliegt. Es ist also lediglich nach der Wahrscheinlichkeit eines bestimmten Ereignisses unter der Bedingung eines bestimmten Zustandes und einer bestimmten Ereignisklasse gefragt. Da Ereignis-Wahrscheinlichkeiten von Vorgeschichten unabhängig sind, ist auch hier die Bedingung für die Existenz eines Markoff-Prozesses erfüllt.

Wird innerhalb bestimmter Klassen von Ereignissen nicht weiter unterschieden und betrachtet man einen Lernprozeß lediglich als eine Folge von Kombinationen aus Zuständen und solchen Ereignisklassen, so ergibt sich ein Markoff-Prozeß.

Damit können wir bei entsprechenden inhaltlichen Fragestellungen lediglich Zustände und beobachtbare Ereignisse, Zustände und Modellereignisse, Zustände und experimentelle Ereignisse oder ähnliches betrachten.

Markoff-Prozesse, die sich aus einem Lernprozeß ergeben, indem man innerhalb bestimmter Klassen von Zustands-Ereignis-Kombinationen nicht mehr unterscheidet, heißen ›*assoziierte Markoff-Prozesse*‹.

Diese Angaben lassen sich bei nicht-endlichen Mengen von Zustands-Ereignis-Kombinationen analog formulieren.
Eine auch nur ansatzweise Darstellung der Analysemöglichkeiten und -techniken für Markoff-Prozesse würde an dieser Stelle ein neues Buch etwa gleichen Umfanges wie dieses einleiten. Wir ziehen es daher vor, den interessierten Leser auf die dazu vorhandene Spezialliteratur zu verweisen, nachdem wir ihn mit der Kenntnis einiger zentraler Begriffe ausgestattet haben.

10.D In stochastischen Lernmodellen werden Lernprozesse als *Markoff-Prozesse* für *Zustands-Ereignis-Kombinationen* dargestellt.

10.E Ist die Menge der Zustands-Ereignis-Kombinationen endlich, so bezeichnet man als *Übergangswahrscheinlichkeit*

$$t(\langle z,e\rangle; \langle z',e'\rangle)$$

jene Wahrscheinlichkeit, mit der einer Kombination $\langle z,e\rangle$ eine bestimmte andere Kombination $\langle z',e'\rangle$ folgt.

10.F Als ›*stochastische Kerne*‹ bezeichnet man Funktionen

$$K(\langle z,e\rangle; A).$$

K gibt an, mit welcher Wahrscheinlichkeit der Kombination $\langle z,e\rangle$ eine solche aus einer Kombinationsmenge A folgt.

10.G Stellt man einen Lernprozeß lediglich als Folge von Klassen von Zustands-Ereignis-Kombinationen dar, so erhält man nicht in jedem Fall wiederum einen Markoff-Prozeß. Ist dies aber der Fall, dann wird der so zustandegekommene Prozeß als ›*assoziierter Markoff-Prozeß*‹ bezeichnet.
Assoziierte Markoff-Prozesse ergeben sich insbesondere für Zustandsfolgen und Folgen von Kombinationen aus Elementarzuständen und Ereignisklassen (etwa Reaktionen, beobachtbare Ereignisse, Modellereignisse, usw.).

10.4 Fragen

1. Beschreiben Sie bitte die Operatorenfamilie zum RTI-Modell für einfaches Paarlernen (mit beliebigen zulässigen Parameterwerten).
2. Wie lautet der Operator des einfachen β-Modells, wenn man die Elementarzustände durch Reaktionswahrscheinlichkeiten kennzeichnet?
3. Geben Sie bitte zum Alles-oder-Nichts-Modell für einfaches Paarlernen die Übergangsmatrix des Markoff-Prozesses auf der Menge der Zustands-Reaktions-Modellereignis-Kombinationen an.
4. Haben Sie Lust, sich noch weiter mit stochastischen Lernmodellen zu beschäftigen?

10.5 Weiterführende Literatur

Beispiele für Analysen von Operatorenfamilien liefern die Arbeiten von Luce (1964), Aczel (1967), Marley (1967) und Norman (1968a, 1970).
Das in diesem Kapitel nur angedeutete Beta-Modell wurde von Luce (1959) in einem über lernpsychologische Fragen hinausgehenden theoretischen Rahmen eingeführt. Weitere Arbeiten dazu stammen von Bush, Galanter und Luce (1959), Bush (1960), Lamperti und Suppes (1960) und Kanal (1962). Auch die als ›linear-logistisches‹ Lernmodell bezeichnete Form steht in einem größeren theoretischen Rahmen. Darüber informiert Spada (1976).
Für die weitere Beschäftigung mit der Analyse von Lernprozessen als Markoff-Prozesse gibt es verschiedene mögliche Ansätze. Wer sich zunächst allgemeiner über stochastische Prozesse informieren möchte, sei auf ein Buch von Doob (1953) und einen stärker an psychologischen Problemen orientierten Artikel von Snell (1965) verwiesen. Von Kemeny und Snell stammt sowohl ein ausgezeichnetes einführendes Buch in die Methoden und Techniken der Analyse endlicher Markoff-Ketten (Kemeny und Snell 1960) als auch ein Artikel über die Möglichkeiten der Benutzung von Markoff-Modellen in der Lerntheorie (Kemeny und Snell 1957). Beispiele für Analysen unter Benutzung des Konzepts ›Markoff-Prozeß‹ bieten unter anderem einige bereits am Ende des 7. Kapitels (Seite 67) erwähnte Arbeiten zu Problemen der Identifizierbarkeit; ergänzend dazu sei hier noch hingewiesen auf Greeno, Millward und Merryman (1971), Greeno (1974b) und Polson und Huizinga (1974). Darüberhinaus gibt es Untersuchungen zu anderen Einzelfragen, wie etwa der Ableitung statistischer Kennwerte aus Markoff-Ketten (Millward 1969), dem Prozeß vor Erreichen eines absorbierenden Zustandes (Polson 1972), der Identifikation von Klassen von Modellen, die gleichen Folgen gleiche Wahrscheinlichkeiten zuordnen (Wandell, Greeno und Egan 1974), oder dem Nachweis von Bedingungen für die Äquivalenz zwischen Markoff-Prozessen und allgemeinen Alles-oder-Nichts-Modellen (Steiner und Greeno 1969). Die in diesem Kapitel angesprochene Frage, unter welchen Bedingungen ein Prozeß, der einem Markoff-Prozeß assoziiert ist, selbst wieder ein Markoff-Prozeß ist, wird bei Burke und Rosenblatt (1958) ausführlicher behandelt.
Einen weiteren möglichen Einstieg in die Analyse von Markoff-Prozessen bietet die Lektüre von Arbeiten über spezielle Modelle, die diesen Gesichtspunkt besonders hervorheben, wie etwa Theios und Brelsford (1966), Massaro (1967, 1969) und Brelsford (1967).
Wir wollen dieses Buch nicht abschließen, ohne dem Leser, der sich nun weiter mit stochastischen Lernmodellen beschäftigen möchte, dazu noch einige allgemeine Literaturhinweise zu geben. Drei Möglichkeiten bieten sich an. Wer zunächst bestrebt ist, einen weiteren Überblick über mehr Modellansätze zu erhalten, für den ist wohl das Buch von Atkinson, Bower und Crothers (1965) die optimale Anschlußliteratur. Es ist wesentlich leichter verständlich als die meisten Originalarbeiten und hat den Vorteil, über eine Fülle verschiedener Modelle hinweg weitgehend die gleichen Begriffe und Formalismen zu benutzen. Es informiert auch über viele Ansätze, die in diesem Buch nicht einmal erwähnt wurden, wie etwa über Modelle für Begriffserwerb. Dazu existiert ein Buch mit Kontrollfragen und Aufgaben von Batchelder, Bjork und Yellott (1966). Eine Alternative dazu ist ein Buch von Rouanet (1967), das allerdings nur in französischer Sprache vorliegt. Eine Besonderheit dieses Buches ist, daß auch Modelle für Reaktionskontinua abgehandelt werden, die meistens in der Literatur – und leider auch in diesem Buch – nur wenig oder gar nicht erwähnt werden.
Die zweite Möglichkeit ist, sich zunächst stärker den Methoden und Techniken bei der Modellkonstruktion und -analyse zuzuwenden. Zu genau diesem Zweck haben Levine und Burke (1972) ein Buch geschrieben, das einerseits auch einfache mathematische Vorgehensweisen (Umformung von Reihen, Lösung von Differenzengleichungen, Beweistechnik der ›vollständigen Induktion‹,

usw.) ausführlich erläutert, andererseits aber etwa kompliziertere Methoden der Analyse von Markoff-Ketten nicht ausschließt. Kontrollfragen und -aufgaben sind reichlich vorhanden.
Die dritte und letzte Möglichkeit ist schließlich, anhand von zusammenfassenden Darstellungen über formale Lernmodelle direkt den Weg zu Einzelarbeiten über bestimmte Probleme oder Modellarten zu suchen. Geeignete Hilfsmittel dazu sind die Übersichtsreferate im »Annual Review of Psychology« von Greeno und Bjork (1973) und von Estes (1962).

Lösungshilfen zur Beantwortung der Fragen

Kapitel 2

Frage 1: Die Algebra enthält 8 Zustände. Es gibt 3 Elementarzustände (nichts gelernt, 1 Vokabel gelernt, alles gelernt). Die Vereinigung aller Elementarzustände einer beliebigen Teilmenge aus der Menge aller Elementarzustände ergibt jeweils einen Zustand; eine Menge mit 3 Elementen besitzt $2^3=8$ Teilmengen. Die Zustände sind:
unmöglicher Zustand,
nichts gelernt,
1 Vokabel gelernt,
2 Vokabeln gelernt,
nicht mehr als eine Vokabel gelernt (0 oder 1),
nichts oder alles gelernt (0 oder 2),
mindestens eine Vokabel gelernt (1 oder 2),
sicherer Zustand (0 oder 1 oder 2).

Frage 2: Beim Abfragen gibt es für jede einzelne Vokabel 2 Antwortmöglichkeiten (›richtig‹ oder ›falsch‹), insgesamt also 2^n mögliche Antwortmuster. Die durch Reaktion des ›Lehrers‹ eingeführten Konsequenzen hängen vollständig von den Antworten des Lernenden ab und bringen somit keine zusätzliche Differenzierung. Man kann jeweils nichts, 1 Vokabel, 2 Vokabeln, ..., n Vokabeln dazulernen; dies sind $n+1$ Möglichkeiten für den ›Aufmerksamkeitseffekt‹. Insgesamt erhalten wir damit $2^n(n+1)$ Elementarereignisse.

Frage 3: Es liegen $n+1$ Modellereignisse vor, die direkt den möglichen Lernfortschritten entsprechen. (Hinweis: Die Tatsache, daß bei bestimmten Zuständen bestimmte Lernfortschritte nicht mehr möglich sind, kann hier vernachlässigt werden. Sind etwa bereits 3 Vokabeln gelernt, so können trivialerweise nur noch maximal $n-3$ dazugelernt werden. Dies kann man berücksichtigen, indem man entweder annimmt, ein etwa für n Vokabeln ausreichender Aufmerksamkeitsgrad habe bei diesem Zustand den gleichen Effekt wie ein solcher für $n-3$ Vokabeln, oder dies Modellereignis tauche bei dem betrachteten Zustand mit Wahrscheinlichkeit Null auf.)

Kapitel 3

Frage 1: Eine Möglichkeit der Berücksichtigung von Effekten der Situationsabfolge ist, jeweils entsprechend den möglichen Teilfolgen bis zu einer Stufe unterschiedliche Zustände vorzusehen. Ein Zustand repräsentiert dann nicht nur irgendwelche Reaktionstendenzen, sondern auch einen Gedächtnisinhalt über die bisherige Situationsfolge, der Einfluß auf den Effekt kommender Ereignisse hat. In der Praxis wird man sich auf die Repräsentation bestimmter Aspekte von Darbietungsfolgen beschränken, für die ein Effekt unterstellt wird.

Frage 2: Man kann etwa jeden Elementarzustand durch eine Zahl j beschreiben, die angibt, wieviele Vokabeln bereits gelernt sind, und jedes Modellereignis durch eine Zahl k, die angibt, wieviele dazugelernt werden. Damit läßt sich beispielsweise formulieren:

$${}_kQ(j)=\mathrm{Min}(n,j+k),$$

oder auch

$${}_kQ(j)=j+k \quad \text{mit} \quad P(k|j)=0 \quad \text{für} \quad j+k>n.$$

Frage 3: Die Wahrscheinlichkeit der ersten Teilfolge ist

$$P(e'|z)\,P(e'|z)\,P(e|z)=(1-p)(1-p)p.$$

Die zweite angegebene Teilfolge ist unmöglich, weil wegen der Operatoren Zustand z auf der dritten Stufe nach vorausgegangenem Ereignis e ausgeschlossen ist.

Kapitel 4

Frage 1: Die gesuchte Übergangsmatrix lautet:

	C	U
C	(1 – d)	d
U	c	(1 – c)

Frage 2: Schaltet man beim ›2-Elemente-Modell‹ einen der drei Zustände aus, indem man die Wahrscheinlichkeit eines Übergangs in diesen Zustand Null setzt, oder faßt man zwei beliebige der drei Zustände zu einem zusammen, so resultiert stets ein System, bei dem einer der beiden Zustände nicht wieder verlassen wird. Das in Frage 1 eingeführte Modell besitzt diese Eigenschaft nicht; es ist also nicht als Sonderfall des ›2-Elemente-Modells‹ darstellbar.

Frage 3: Setzt man beim ›2-Phasen-Modell‹ oder beim ›RTI-Modell‹ für α den Wert Null ein, dann wird in beiden Fällen $Q_a(g) = 1$. Der Prozeß beginnt also mit einer Ratewahrscheinlichkeit g und geht mit der Auftretenswahrscheinlichkeit des Ereignisses a über zu einer nicht mehr veränderbaren Reaktionswahrscheinlichkeit von Eins. Genau das tut auch ein Prozeß beim ›Alles-oder-Nichts-Modell‹.

Kapitel 5

Frage 1: Das gesuchte Verhältnis q_{n+1}/q_n ergibt sich durch Einsetzen nach [5.2.2] als

$$\frac{(1-g)(1-c)^n}{(1-g)(1-c)^{n-1}} = (1-c),$$

ist also von n unabhängig.

Frage 2: An der unter [4.2.8] angegebenen Übergangsmatrix kann man bereits sehen, daß bei $b = 0$ der fehlerfreie Zustand C unerreichbar wird. Die Lernkurve unter [5.2.4] nimmt die Form an:

$$(g' - g)(1-a)^{n-1} + (1-g').$$

Für n gegen unendlich verschwindet nur der erste Summand. Die Wahrscheinlichkeit einer falschen Reaktion unterschreitet auf keinen Fall $(1-g')$; wir haben ein Modell für unvollständiges Lernen erhalten.

Frage 3: Es muß für beliebige n $q_n = q_{n+1}$ sein. Nach [5.3.5] kann diese Bedingung auch geschrieben werden als

$$\alpha^{n+1}(1-g) = \alpha^n(1-g).$$

α muß also einen Wert annehmen, der sich bei Multiplikation mit sich selbst nicht verändert. Dies gilt für die Zahlen Null und Eins. Null scheidet aus wegen

$$0^0 = 1 \neq 0^1 = 0.$$

Damit liefert $\alpha = 1$ den gesuchten Sonderfall.

Kapitel 6

Frage 1: Setzt man in [6.1.4] die mittlere Lernkurve des einfachen linearen Modells aus [5.3.5] ein, dann erhält man

$$E(T_n) = (1-g)\sum_{i=1}^{n} \alpha^{i-1} = (1-g)\frac{1-\alpha^n}{1-\alpha} \quad \text{für } \alpha < 1,$$

$$= n(1-g) \quad \text{für } \alpha = 1.$$

Frage 2: Man läßt in dem unter Frage 1 abgeleiteten Ausdruck n gegen unendlich gehen. Für $\alpha = 1$ erhält man keine Lösung; für $\alpha < 1$ geht α^n gegen Null und man bekommt

$$E(T) = \frac{1-g}{1-\alpha}.$$

Frage 3: Ein Fehler auf Position n ist nur möglich, wenn der Prozeß an dieser Stelle noch im Zustand U war. Damit ergibt sich ein Fehler an der folgenden Position $n+1$, sofern

1. der Prozeß in U bleibt (Wahrscheinlichkeit $1-c$), und
2. in U ein Fehler auftritt (Wahrscheinlichkeit $1-g$).

Da beide Komponenten unabhängig voneinander sind, erhält man die gesuchte Wahrscheinlichkeit durch Multiplikation als

$$(1-c)(1-g).$$

Kapitel 7

Frage 1: Mit den Wahrscheinlichkeiten aller Reaktionsfolgen sind auch die Fehlerwahrscheinlichkeiten an den beiden ersten Positionen gegeben. Das genügt zur Berechnung der Parameter

$$p_1 = g = 1 - q_1,$$
$$\alpha = q_2/q_1.$$

Frage 2: Man setze in dem unter [6.2.3] angegebenen Ausdruck die empirische Fehlergesamtzahl anstelle von E(T) ein. In der in der Frage angegebenen Formel substituiere man ebenfalls E(T) durch das empirische T und E(L) durch die empirische Positionsnummer des letzten Fehlers. Die gesuchten Schätzungen sind die Lösungen des Gleichungssystems

$$T = \frac{1-g}{c}, \quad L = \frac{T}{1-g(1-c)}.$$

Frage 3: Die in [5.3.16] angegebene Formel für die mittlere Lernkurve zeigt, daß hier

$$(\alpha c + (1-c))$$

einen Ausdruck bildet, dessen Komponenten bei keinem n zu trennen sind. Die mittlere Lernkurve ist also bei diesem Modell (etwa im Gegensatz zum einfachen linearen Modell) keine hinreichende Statistik zur Parameterschätzung.

Kapitel 8

Frage 1: Es muß $Q_i(p) - p$ kleiner als Null sein. Daraus folgt direkt

$$a_i(1-p) - b_i p < 0,$$

beziehungsweise

$$a_i/b_i < p/(1-p) \quad \text{für } b_i > 0.$$

Frage 2: Wir addieren die Wahrscheinlichkeiten für i und j nach Anwendung der Einzeloperatoren und erhalten

$$Q_{ij}(p_i + p_j) = \alpha p_i + (1-\alpha)\lambda_i + \alpha p_j + (1-\alpha)\lambda_j =$$
$$= \alpha(p_i + p_j) + (1-\alpha)(\lambda_i + \lambda_j).$$

Frage 3: Ist die Anlage wirklich perfekt getarnt, dann wird man bei Einhaltung der vorgeschriebenen Höchstgeschwindigkeit nichts davon erfahren. Bei Geschwindigkeitsüberschreitung dagegen erfährt man nur etwas, wenn man wirklich den kontrollierten Bereich durchfährt (und wenn die kontrollierenden Beamten nicht gerade Pause machen). Welches eventuell verhaltensbeeinflussende Ereignis eintritt, hängt also sowohl vom eigenen Verhalten ab als auch von nicht selbst kontrollierbaren Faktoren. Es handelt sich um ›Experimenter-Subject-Controlled Events‹.

Kapitel 9

Frage 1: Wir können jeden Zustand durch eine positive ganze Zahl j kennzeichnen, die angibt, wieviele Muster auf die als ›richtig‹ definierte Reaktion konditioniert sind. Die Zustände sind dann:

$$0, 1, 2, 3, \ldots j, \ldots N-1, N.$$

Da auf jeder Stufe eine Umkonditionierung entweder stattfindet oder unterbleibt (da das aktivierte Muster bereits ›richtig‹ konditioniert ist), sind zwei Modellereignisse zu unterscheiden, die wir a und b nennen wollen. Die Operatoren sind dann etwa:

$$_aQ(j) = j, \; _bQ(j) = j+1.$$

Frage 2: Sind j Muster richtig konditioniert, dann ist wegen der gleichen Aktivierungswahrscheinlichkeit für alle Muster j/N die Wahrscheinlichkeit, ein solches Muster zu aktivieren. Da wir weiterhin angenommen haben, daß der Konditionierungszustand die Reaktion determiniert, ist dies gleichzeitig die Wahrscheinlichkeit einer richtigen Reaktion. Es gilt also:

$$p(+|j)=j/N.$$

Dies ist zugleich die Wahrscheinlichkeit dafür, daß sich der Modellzustand nicht ändert. Mit Wahrscheinlichkeit $(N-j)/N$ wird hingegen ein noch nicht richtig konditioniertes Muster aktiviert und es kommt zu einer Erhöhung der zustandskennzeichnenden Zahl um Eins. Damit ist

$$p(Z_{n+1}=k|Z_n=j)=0 \quad \text{für } k \neq j, j+1,$$
$$p(Z_{n+1}=j|Z_n=j)=j/N,$$
$$p(Z_{n+1}=j+1|Z_n=j)=(N-j)/N.$$

Die Übergangsmatrix hat also folgende Form:

	N	N−1	N−2	...	3	2	1	0
N	1	0	0	...	0	0	0	0
N−1	$\frac{1}{N}$	$\frac{N-1}{N}$	0	...	0	0	0	0
N−2	0	$\frac{2}{N}$	$\frac{N-2}{N}$	...	0	0	0	0
⋮	⋮	⋮	⋮		⋮	⋮	⋮	⋮
3	0	0	0	...	$\frac{3}{N}$	0	0	0
2	0	0	0	...	$\frac{N-2}{N}$	$\frac{2}{N}$	0	0
1	0	0	0	...	0	$\frac{N-1}{N}$	$\frac{1}{N}$	0
0	0	0	0	...	0	0	1	0

Frage 3: Wird ein richtig konditioniertes Muster aktiviert, so erfolgt einerseits eine richtige Reaktion, andererseits aber keine Zustandsänderung. Im anderen Fall tritt eine falsche Reaktion zusammen mit einer Zustandsänderung auf. Damit determiniert die Reaktion das Modellereignis, es liegen ›*Subject-Controlled-Events*‹ vor. Eine Besonderheit dieses Modells ist, daß Zustandsänderungen nur nach falschen Reaktionen auftreten. Wir haben also ein Modell für einen Prozeß, bei dem nur aus Fehlern gelernt wird.

Kapitel 10

Frage 1: Beim RTI-Modell für einfaches Paarlernen kann man die Wahrscheinlichkeit einer falschen Reaktion q zur Zustandskennzeichnung benutzen. Die Zustandsmenge ist damit gleich der Menge aller möglichen Wahrscheinlichkeitswerte, also gleich der Menge aller reellen Zahlen von Null bis Eins (beide Extremwerte eingeschlossen). Die Menge der Modellereignisse enthält zwei Elemente, die wir etwa a und b nennen können. Bei a möge keine Zustandsänderung stattfinden, bei b hingegen soll der einfache lineare Operator angewandt werden. Die Operatorenmenge enthält dann den Identitätsoperator

$${}_aQ(q)=q$$

und einen linearen Operator mit unbestimmtem Parameter α

$${}_bQ(q)=\alpha q.$$

Da die Operatorenfamilie keine Angaben über Ereigniswahrscheinlichkeiten enthält, ist in dieser Familie auch ein Modell enthalten, bei dem stets Ereignis b eintritt (das einfache lineare Modell), oder bei dem bei allen Zuständen außer dem Anfangszustand stets b realisiert wird (das 2-Phasen-Modell). Einfaches lineares Modell, RTI-Modell und 2-Phasen-Modell gehören also zur gleichen Operatorenfamilie.

Frage 2: Aus [10.2.1] und [10.2.2] läßt sich durch elementare Umformungen ableiten:

$$p_{i+1} = \frac{\beta_e p_i}{1+(\beta_e-1)p_i}.$$

Frage 3: Wir bezeichnen die Zustände (wie in Kapitel 4) mit U und C, die Reaktionen mit ›+‹ und ›−‹, und die Modellereignisse mit a (keine Zustandsänderung) und b (Zustandsänderung). Da in C keine Fehler mehr auftreten und keine Zustandsänderung mehr möglich ist, gibt es hierfür nur eine mögliche Kombination. Aus den Angaben in Kapitel 4 erhalten wir die Übergangsmatrix:

	C, +, a	U, −, a	U, +, a	U, −, b	U, +, b
C, +, a	1	0	0	0	0
U, −, b	1	0	0	0	0
U, +, b	1	0	0	0	0
U, −, a	0	$(1-g)(1-c)$	$g(1-c)$	$(1-g)c$	gc
U, +, a	1	$(1-g)(1-c)$	$g(1-c)$	$(1-g)c$	gc

Frage 4: Sofern Sie geneigt sind, diese Frage mit ›ja‹ oder ›vielleicht‹ zu beantworten, dann sollten Sie nicht versäumen, sich am Ende von 10.5 über mögliche Anschlußliteratur zu informieren. Tendieren Sie zu einem ›eher doch wohl nicht‹, dann schauen Sie vielleicht dennoch in eine der am Ende von 10.5 angegebenen Quellen; vielleicht sagt Ihnen eine der anderen Darstellungen mehr zu als dieses Buch. Sind Sie zu einem ›Nein!‹ fest entschlossen, dann bleibt nur noch, Ihnen zu danken, daß Sie überhaupt bis hierher gelesen haben.

Literaturverzeichnis

Aczel, J. On Rational Quasi-Multiplicative Families of Operators. Journal of Mathematical Psychology, 1967, 4, 335–340.

Anderson, N. H. Linear Models for Responses Measured on a Continuous Scale. Journal of Mathematical Psychology, 1964, 1, 121–143.

Arnold, B. C. Response Distribution for the Continuous-Time N-Element Pattern Model. Journal of Mathematical Psychology, 1967, 4, 489–500.

Atkinson, R. C. A Generalisation of Stimulus Sampling Theory. Psychometrika, 1961, 26, 281–290.

Atkinson, R. C., Bower, G. H. u. Crothers, E. J. An Introduction to Mathematical Learning Theory. New York, London, Sydney 1965.

Atkinson, R. C. u. Crothers, E. J. A Comparison of Paired-Associate Learning Models Having Different Acquisition and Retention Axioms. Journal of Mathematical Psychology, 1964, 1, 285–315.

Atkinson, R. C. u. Estes, W. K. Stimulus Sampling Theory. In Luce, R. D., Bush, R. R. u. Galanter, E. (Eds.), Handbook of Mathematical Psychology, Vol. II. New York and London 1963, 121–268.

Atkinson, R. C. u. Paulson, J. A. An Approach to the Psychology of Instruction. Psychological Bulletin, 1972, 78, 49–61.

Batchelder, W. H. An All-or-None Theory for Learning on both the Paired-Associate and Concept-Levels. Journal of Mathematical Psychology 1970, 7, 97–117.

Batchelder, W. H., Bjork, R. A. u. Yellott, J. I. Problems in Mathematical Learning Theory. New York 1966.

Bauer, H. Wahrscheinlichkeitstheorie und Grundzüge der Maßtheorie. Berlin 1968.

Bernbach, H. A Forgetting Model for Paired-Associate Learning. Journal of Mathematical Psychology, 1965, 2, 128–144.

Binder, A., Wolin, B. R. u. Terebinski, S. J. Learning and Extinction of Leadership Preferences in Small Groups. Journal of Mathematical Psychology, 1966, 3, 129–139.

Bishir, J. u. Drewes, D. W. A Generalized Linear Learning Model. Journal of Mathematical Psychology, 1969, 6, 121–138.

Bjork, R. A. All-or-None Subprocesses in the Learning of Complex Sequences. Journal of Mathematical Psychology, 1968, 5, 182–195.

Bower, G. H. Application of a Model to Paired-Associate Learning. Psychometrika, 1961, 27, 255–280.

Bower, G. H. u. Theios, J. A Learning Model for Discrete Performance Levels. In Atkinson, R. C. (Ed.), Studies in Mathematical Psychology. Stanford, 1964, 1–31.

Brelsford, J. W. Experimental Manipulation of State Occupancy in a Markov Model for Avoidance Conditioning. Journal of Mathematical Psychology, 1967, 4, 21–47.

Burke, C. J. u. Rosenblatt, M. A Markovian Function of a Markov Chain. Annales of Mathematical Statistics, 1958, 29, 1112–1122.

Bush, R. R. Some Properties of Luce's Beta Model for Learning. In Arrow, K. J., Karlin, S. u. Suppes, P. (Eds.), Mathematical Methods in the Social Sciences. Stanford 1960, 254–264.

Bush, R. R. Estimation and Evaluation. In Luce, R. D., Bush, R. R. u. Galanter, E. (Eds.), Handbook of Mathematical Psychology, Vol. I. New York, London 1963, 429–469.

Bush, R. R., Galanter, E. u. Luce, R. D. Tests of the ›Beta Model‹. In Bush, R. R. u. Estes, W. K. (Eds.), Studies in Mathematical Learning Theory. Stanford 1959, 382–399.

Bush, R. R. u. Mosteller, F. A Mathematical Model for Simple Learning. Psychological Review, 1951 a, 58, 313–323.

Bush, R. R. u. Mosteller, F. A Model for Stimulus Generalization and Discrimination. Psychological Review, 1951 b, 58, 413–423.

Bush, R. R. u. Mosteller, F. Stochastic Models for Learning. New York and London 1955.

Calfee, R. C. u. Atkinson, R. C. Paired-Associate Models and the Effect of List-Length. Journal of Mathematical Psychology, 1965, 2, 254–265.

Cole, M. u. Keller, L. Shell Game: A Three-Choice Contingent Procedure for Probability Learning. Journal of Mathematical Psychology, 1969, 6, 470–486.

Coombs, C. H., Dawes, R. M. u. Tversky, A. Mathematical Psychology, an Elementary Introduction. Englewood Cliffs 1970 (deutsche Ausgabe: Mathematische Psychologie, eine Einführung. Weinheim 1975).

Crothers, E. Learning Model Solution to a Problem in Constrained Optimization. Journal of Mathematical Psychology, 1965, 2, 19–25.

Davenport, W. G. u. Halford, G. S. Incremental and All-or-None Learning with a Stimulus Complex. Australian Journal of Psychology, 1967, 19, 109–115.

Denig, F. Empirische Untersuchungen zum Differenzierungslernen: Ein Modellvergleich. Zeitschrift für experimentelle und angewandte Psychologie, 1969, 2, 223–249.

Deppe, W. Stochastische Modelle zur Konformität in der Asch-Situation. Dissertation, Philosophische Fakultät der Universität des Saarlandes. Saarbrücken 1974.

Deppe, W. Formale Modelle in der Psychologie. Stuttgart 1976.

Doob, J. L. Stochastic Processes. New York 1953.

Donio, J. Stimulus Sampling Learning Models Described as Continuous Time Stochastic Processes. Journal of Mathematical Psychology, 1969, 6, 240–257.

Ebert, H. u. Tack, W. H. Einige Lerneffekte bei Aufgaben zur Zahlenfolgen-Induktion. Zeitschrift für experimentelle und angewandte Psychologie, 1974, 21, 511–529.

Estes, W. K. Toward a Statistical Theory of Learning. Psychological Review, 1950, 57, 94–104, 106–107.

Estes, W. K. Statistical Theory of Spontaneous Recovery and Regression. Psychological Review, 1955, 62, 145–154.

Estes, W. K. Learning Theory. Annual Review of Psychology, 1962, 13, 107–144.

Estes, W. K. u. Suppes, P. Foundations of Stimulus Sampling Theory. In Krantz, D. H., Luce, R. D., Atkinson, R. C. u. Suppes, P. (Eds.), Contemporary Developments in Mathematical Psychology, Vol. I: Learning, Memory and Thinking. San Francisco, 1974, 163–183.

Foppa, K. Lernen, Gedächtnis, Verhalten. Köln 1965.

Friedman, M. P., Carterette, E. C. u. Anderson, N. H. Long Term Probability Learning with a Random Schedule of Reinforcement. Journal of Experimental Psychology, 1968, 78, 442–455.

Friedman, M. P. u. Gelfand, H. Transfer Effects in Discrimination Learning. Journal of Mathematical Psychology, 1964, 1, 202–214.

Greeno, J. G. Paired-Associate Learning with Short-Term Retention: Mathematical Analysis and Data Regarding Identification of Parameters. Journal of Mathematical Psychology 1967, 4, 430–472.

Greeno, J. G. Elementary Theoretical Psychology. Reading 1968a.

Greeno, J. G. Identifiability and Statistical Properties of Two-Stage-Learning with no Successes in the Initial Stage. Psychometrika, 1968b, 33, 173–215.

Greeno, J. G. Representation of Learning as Discrete Transition in a Finite State Space. In Krantz, D. H., Luce, R. D., Atkinson, R. C. u. Suppes, P. (Eds.), Contemporary Developments in Mathematical Psychology, Vol. I: Learning, Memory and Thinking. San Francisco, 1974a, 1–43.

Greeno, J. G. Testability and Identifiability of Markov Models. In Eckensberger, L. H. u. Eckensberger, U. (Hgb.), Bericht über den 28. Kongreß der Deutschen Gesellschaft für Psychologie. Göttingen 1974b, 137–152.

Greeno, J. G. u. Bjork, R. A. Mathematical Learning Theory and the New ›Mental Forestry‹. Annual Review of Psychology, 1973, 24, 81–116.

Greeno, J. G., Millward, R. B. u. Merryman, C. T. Matrix Analysis of Identifiability of Some Finite Markov Models. Psychometrika, 1971, 36, 389–408.

Greeno, J. G. u. Steiner, T. E. Markovian Processes with Identifiable States: General Considerations and Application to All-or-None Learning. Psychometrika, 1964, 29, 309–333.

Greeno, J. G. u. Steiner, T. E. Comments on ›Markovian Processes with Identifiable States: General Considerations and Applications to All-or-None Learning‹. Psychometrika, 1968, 33, 169–172.

Haagen, K. u. Pertler, R. Methoden der Statistik, Band 1. Stuttgart 1976.

Henze, E. Einführung in die Maßtheorie. Mannheim 1971.

Heuckeroth, O. Two-Choice Probability Learning: Test of a Finite Markov-Chain and Linear Operator Model. Journal of Mathematical Psychology, 1969, 6, 418–429.

Humphreys, L. G. Acquisition and Extinction of Verbal Expectations in a Situation Analogous to Conditioning. Journal of Experimental Psychology, 1939, 25, 294–301.

Humphreys, M. S., Allen, G. A. u. Estes, W. K. Learning of Two-Choice Differential Reward Problems with Informational Constraints on Payoff Combinations. Journal of Mathematical Psychology, 1968, 5, 260–280.

Humphreys, M. S. u. Greeno, J. G. Interpretation of the Two-Stage Analysis of Paired-Associate Memorizing. Journal of Mathematical Psychology, 1970, 7, 275–292.
Hurwicz, L. Generalization of the Concept of Identification. In Koopmans, C. (Ed.), Statistical Inference in Dynamic Economic Models. New York 1950, 245–257.
Iosifescu, M. u. Theodorescu, R. On Bush-Mosteller Models for Learning. Journal of Mathematical Psychology, 1965, 2, 196–203.
Iosifescu, M., Tăutu, P. u. Theodorescu, R. Considerations on the Mathematical Theory of Learning (rumänisch). Revista de Psihologie 1967, 13, 163–177.
Iosifescu, M. u. Theodorescu, R. Random Processes and Learning. New York 1969.
Kanal, L. The Asymptotic Distribution for the Two-Absorbing-Barrier Beta Model. Psychometrika, 1962, 27, 105–109.
Karush, W. u. Dear, R. E. Optimal Stimulus Presentation Strategy for a Stimulus Sampling Model of Learning. Journal of Mathematical Psychology, 1966, 3, 19–47.
Kemeny, J. G. u. Snell, J. L. Markov Processes in Learning Theory. Psychometrika, 1957, 22, 221–230.
Kemeny, J. G. u. Snell, J. L. Finite Markov Chains. Princeton 1960.
Kintsch, W. Recognition Learning as a Function of the Length of the Retention Interval and Changes in the Retention Interval. Journal of Mathematical Psychology, 1966, 3, 412–433.
Koopmans, T. C. u. Reiersöl, O. The Identification of Structural Characteristics. Annales of Mathematical Statistics, 1950, 21, 165–181.
Kraemer, H. C. Point Estimation in Learning Models. Journal of Mathematical Psychology, 1964, 1, 28–53.
La Berge, D. A Model with Neutral Elements. In Bush, R. R. u. Estes, W. K. (Eds.), Studies in Mathematical Learning Theories. Stanford 1959, 53–64.
Lamperti, J. u. Suppes, P. Some Asymptotic Properties of Luce's Beta Learning Model. Psychometrika, 1960, 25, 233–241.
Levine, G. u. Burke, J. C. Mathematical Model Techniques for Learning Theories. New York, London 1972.
Lovejoy, E. An Attention Theory of Discrimination Learning. Journal of Mathematical Psychology, 1965, 2, 342–362.
Luce, R. D. Individual Choice Behavior. New York 1959.
Luce, R. D. Some One-Parameter Families of Commutative Learning Operators. In Atkinson, R. C. (Ed.), Studies in Mathematical Psychology. Stanford, 1964, 380–398.
Lynn, E. A Stimulus Sampling Model for Simultaneous Discrimination Learning. Journal of Mathematical Psychology, 1969, 6, 277–285.
Marley, A. A. J. Abstract One-Parameter Families of Commutative Learning Operators. Journal of Mathematical Psychology, 1967, 4, 414–429.
Massaro, D. W. A Three State Markov Model for Discrimination Learning. Psychonomic Bulletin, 1967, 1, 12–13.
Massaro, D. W. A Three State Markov Model for Discriminational Learning. Journal of Mathematical Psychology, 1969, 6, 62–80.
Millward, R. B. An All-or-None-Model for Noncorrection Routines with Elimination of Incorrect Responses. Journal of Mathematical Psychology 1964, 1, 392–404.
Millward, R. B. Derivations of Learning Statistics from Absorbing Markov Chains. Psychometrika, 1969, 34, 215–232.
Nahinsky, I. D. Statistics and Moments-Parameter Estimates for a Duoprocess Paired-Associate Learning Model. Journal of Mathematical Psychology, 1967, 4, 140–150.
Nahinsky, I. D. Identifiability of a Class of Theories with States not Directly Observed over Trials. Journal of Mathematical Psychology, 1973, 10, 296–325.
Nahinsky, J. D. u. Mueller, J. A Test of Two All-or-None Models for Paired-Associate Learning. Journal of Verbal Learning and Verbal Behavior, 1968, 7, 464–473.
Neimark, E. D. u. Estes, W. K. (Eds.) Stimulus Sampling Theory. San Francisco 1967.
Norman, M. F. A Two-Phase Model and Its Application to Verbal Discrimination Learning. In Atkinson, R. C. (Ed.), Studies in Mathematical Psychology. Stanford 1964a, 173–187.
Norman, M. F. Incremental Learning on Random Trials. Journal of Mathematical Psychology, 1964b, 1, 336–350.
Norman, M. F. Some Convergence Theorems for Stochastic Learning Models with Distance Diminishing Operators. Journal of Mathematical Psychology, 1968a, 5, 61–101.
Norman, M. F. On the Linear Model with Two Absorbing Barriers. Journal of Mathematical Psychology, 1968b, 5, 225–241.
Norman, M. F. Limit Theorems for Additive Learning Models. Journal of Mathematical Psychology, 1970, 7, 1–11.

Norman, K. L. u. Levin, I. P. Tests of an All-or-None Model of Verbal Mediated Responding. Journal of Experimental Psychology, 1972, 96, 247–254.
Offir, J. D. Stochastic Learning Models with Distributions of Parameters. Journal of Mathematical Psychology, 1972, 9, 404–417.
Polson, P. G. Presolution Performance Functions for Markov Models. Psychometrika 1972, 37, 453–459.
Polson, P. G. u. Greeno, J. G. Nonstationary Performance before All-or-None Learning. Psychological Review, 1969, 76, 227–231.
Polson, P. G. u. Huizinga, D. Statistical Methods for Absorbing Markov-Chain Models for Learning: Estimation and Identification. Psychometrika 1974, 39, 3–22.
Postman, L. One Trial Learning. In Cofer, C. N. u. Musgrave, B. S. (Eds.), Verbal Behavior and Learning. New York 1963, 295–333.
Restle, F. u. Greeno, J. G. Introduction to Mathematical Psychology. Reading 1970.
Rhenius, D. Markoffsche Entscheidungsmodelle mit unvollständiger Information und Anwendungen in der Lerntheorie. Dissertation, Fachbereich Mathematik der Universität Hamburg, Hamburg 1971.
Richardson, J. T. Verbal Learning: Incremental vs. All-or-None Theory. Quarterly Journal of Experimental Psychology, 1970, 22, 196–284.
Robbins, D. Stimulus Selection in Human Discrimination Learning and Transfer. Journal of Experimental Psychology 1970, 84, 282–290.
Rock, I. The Role of Repetition in Associative Learning. American Journal of Psychology, 1957, 70, 186–193.
Rock, I. u. Heimer, W. Further Evidence of One-Trial Associative Learning. American Journal of Psychology, 1959, 72, 1–16.
Rohracher, H. Gedächtnis und Lernen. In Meili, R. u. Rohracher, H. (Hgb.), Lehrbuch der experimentellen Psychologie. Bern und Stuttgart 1963, 103–155.
Rouanet, H. Les Modèles Stochastiques d'Apprentissage. Paris 1967.
Smallwood, R. D. The Analysis of Economic Teaching Strategies for a Simple Learning Model. Journal of Mathematical Psychology, 1971, 2, 285–301.
Snell, J. L. Stochastic Processes. In Luce, R. D., Bush, R. R. u. Galanter, E. (Eds.), Handbook of Mathematical Psychology, Vol. 3, New York 1965, 411–485.
Spada, H. Modelle des Denkens und Lernens: Ihre Theorie, empirische Untersuchung und Anwendung in der Unterrichtsforschung. Bern, Stuttgart 1976.
Steiner, Th. E. u. Greeno, J. G. An Analysis of Some Conditions for Representing N-State Markov Processes as General All-or-None-Models. Psychometrika, 1969, 4, 461–487.
Sternberg, S. Stochastic Learning Theory. In Luce, R. D., Bush, R. R. u. Galanter, E. (Eds.), Handbook of Mathematical Psychology, Vol. II. New York and London 1963, 1–128.
Strub, M. H. u. Erickson, J. R. Second-Order Dependency in Probability Learning. Journal of Experimental Psychology, 1968, 261–268.
Suppes, P. u. Donio, J. Foundations of Stimulus-Sampling Theory for Continuous-Time Processes. Journal of Mathematical Psychology, 1967, 4, 202–205.
Suppes, P. u. Ginsberg, R. A Fundamental Property of All-or-None-Models. Psychological Review 1963, 70, 139–161.
Suppes, P., Groen, G. u. Schlag-Rey, M. A Model for Response Latency in Paired-Associate Learning. Journal of Mathematical Psychology, 1966, 3, 99–128.
Theios, J. The Mathematical Structure of Reversal Learning in a Shock-Escape T-Maze: Overtraining and Successive Reversals. Journal of Mathematical Psychology, 1965, 2, 26–52.
Theios, J. u. Brelsford, J. Theoretical Interpretations of a Markov Model for Avoidance Conditioning. Journal of Mathematical Psychology, 1966, 3, 140–162.
Thomson, W. J. u. Skvarcius, R. Pattern vs. Component Discrimination Learning with Extended Training. Journal of Experimental Psychology, 1972, 94, 233–235.
Tuomela, R. Probability Matching in Simple Learning. Reports from the Institute of Psychology, University of Helsinki, 1968, no. 1.
Underwood, B. J. u. Keppel, G. One Trial Learning? Journal of Verbal Learning and Verbal Behavior, 1962, 1, 1–13.
Wald, A. Note on the Identification of Economic Relations. In Koopmans, C. (Ed.), Statistical Interference in Dynamic Economic Models. New York 1950, 238–244.
Wandell, B. A., Greeno, J. G. u. Egan, D. E. Equivalence Classes of Functions of Finite Markov Chains. Journal of Mathematical Psychology, 1974, 11, 391–403.
Yellot, J. I. Probability Learning with Noncontingent Success. Journal of Mathematical Psychology, 1969, 6, 541–575.

Personenregister

Aczel, J. 96, 103
Allan, G. A. 37, 104
Anderson, N. H. 77, 103, 104
Arnold, B. C. 88, 103
Arrow, K. J. 103
Atkinson, R. C. 11, 33, 37, 52, 60, 61, 66, 67, 77, 79, 88, 96, 103, 104, 105

Batchelder, W. H. 37, 96, 103
Bauer, H. 29, 103
Bernbach, H. 37, 103
Binder, A. 37, 103
Bishir, J. 77, 103
Bjork, R. A. 11, 16, 37, 96, 97, 103, 104
Bower, G. H. 11, 37, 52, 60, 67, 77, 88, 96, 103
Brelsford, J. W. 96, 103, 106
Burke, C. J. 39, 46, 54, 67, 96, 103, 105
Bush, R. R. 7, 64, 67, 68, 69, 70, 71, 77, 96, 103, 106

Calfee, R. C. 37, 103
Carterette, E. C. 77, 104
Cole, M. 77, 103
Coombs, C. H. 12, 37, 77, 78, 88, 104
Crothers, E. 11, 33, 37, 52, 60, 66, 67, 77, 88, 96, 103, 104

Davenport, W. G. 37, 104
Dawes, R. M. 12, 37, 77, 78, 88, 104
Dear, R. E. 11, 105
Denig, F. 37, 104
Deppe, W. 11, 37, 104
Doob, J. L. 96, 104
Donio, J. 88, 104, 106
Drewes, D. W. 77, 103

Ebert, H. 11, 104
Eckensberger, L. H. 104
Eckensberger, U. 104
Egan, D. E. 96, 106
Erickson, J. R. 77, 106
Estes, W. K. 7, 37, 78, 86, 88, 97, 103, 104, 105

Foppa, K. 13, 76, 104
Friedman, M. P. 77, 88, 104

Galanter, E. 96, 103, 106
Gelfand, H. 88, 104
Ginsberg, R. 32, 106
Greeno, J. G. 11, 12, 16, 37, 55, 56, 64, 67, 96, 97, 104, 105, 106
Groen, G. 37, 106

Haagen, K. 13, 29, 104
Halford, G. S. 37, 104
Heimer, W. 37, 106
Henze, E. 23, 104
Heuckeroth, O. 77, 104
Huizinga, D. 96, 106
Humphreys, L. G. 75, 104
Humphreys, M. S. 37, 104, 105
Hurwicz, L. 67, 105

Iosifescu, M. 20, 23, 27, 29, 68, 77, 105

Kanal, L. 96, 105
Karlin, S. 103
Karush, W. 11, 105
Keller, L. 77, 103
Kemeny, J. G. 96, 105
Keppel, O. 37, 106
Kintsch, W. 37, 105
Koopmans, T. C. 67, 105
Kraemer, H. C. 67, 105
Krantz, D. H. 104

La Berge, D. 79, 86, 88, 105
Lamperti, J. 96, 105
Levin, I. P. 37, 106
Levine, G. 39, 46, 54, 67, 96, 105
Lovejoy, E. 77, 105
Luce, R. D. 96, 103, 104, 105, 106
Lynn, E. 77, 88, 105

Marley, A. A. J. 96, 105
Massaro, D. W. 37, 96, 105
Merryman, C. T. 67, 96, 104
Millward, R. B. 37, 67, 96, 104, 105
Mosteller, F. 7, 68, 69, 70, 71, 77, 103
Mueller, J. A. 37, 105

Nahinsky, I. D. 37, 67, 105
Neimark, E. D. 88, 105
Norman, M. F. 35, 37, 77, 96, 105
Norman, K. L. 37, 106

Offir, J. D. 77, 106

Paulson, J. A. 11, 61, 103
Pertler, R. 13, 29, 104
Polson, P. G. 37, 96, 106
Postman, L. 37, 106

Reiersöl, O. 67, 105
Restle, F. 12, 37, 55, 56, 64, 67, 106
Rhenius, D. 21, 27, 50, 106
Richardson, J. T. 37, 106
Robbins, D. 77, 106
Rock, I. 37, 106
Rohracher, H. 16, 106
Rosenblatt, M. 96, 103
Rouanet, H. 96, 106

Schlag-Rey, M. 37, 106
Skvarcius, R. 88, 106
Smallwood, R. D. 11, 106
Snell, J. L. 96, 105, 106
Spada, H. 11, 92, 96, 106
Steiner, T. E. 67, 96, 104, 106
Sternberg, S. 21, 23, 29, 106
Strub, M. H. 77, 106
Suppes, P. 32, 37, 78, 88, 96, 103, 104, 105, 106

Tack, W. H. 11, 104
Tăutu, P. 29, 105
Terebinski, S. J. 37, 103
Theios, J. 37, 77, 96, 103, 106
Theodorescu, R. 20, 23, 27, 29, 68, 77, 105
Thomson, W. J. 88, 106
Tuomela, R. 77, 106
Tversky, A. 12, 37, 77, 78, 88, 104

Underwood, B. J. 37, 106

Wald, A. 67, 106
Wandell, B. A. 96, 106
Wolin, B. R. 37, 103

Yellot, J. I. 77, 96, 103, 106

Sachregister

adaptives Lernprogramm 10
Alles-oder-Nichts-Modell 30–33, 35–37, 41 f., 44–55, 57–63, 84, 96
Aspekte 79–88
'assumption of identical subjects' 35

Beobachtungsfolge 54, 57–59, 60, 64
Beobachtungslernen 16
β-Modell 89, 92, 96
BM-Modelle 67–77, 88, 92

Darbietungsaxiom 79–82
Denken 9–11
Diskriminierungslernen 10, 13, 37, 77, 87f.

Einstellungsbildung 9f., 16
Ereignis 17, 19–27, 55, 57–59, 74f., 89f., 90–95
- äquivalentes 21f.
- beobachtbares 20, 22, 24, 30, 57
- Elementar- 20, 22, 24f., 67, 89, 93
- experimentelles 21f.
- kommutatives 74f., 77, 91
- Modell- 21f., 24, 27f., 31, 33, 67f., 70f., 76, 80

Ereignisalgebra 22
Ereigniskontrolle 75–77, 89
Ereignismenge 20–22, 67
Ereignisraum 22, 28
Extinktion 68, 78, 86–88

Fehlerfolge 53
Fehler-Gesamtzahl 50–52, 54, 58, 62
Folge-Statistik 53f.

Gedächtnis 16
graduelles Lernen 33

homogenes Modell 27f., 67

Identifikation (von Reizen, Zeichen) 10
Identifizierbarkeit 57–59, 67

Kombinierbarkeit der Reaktionsklassen 69–72
Komponenten-Modelle 85, 88
Konditionierung 15–17, 20
Konditionierungsaxiom 79–82
kumulierte Fehlerkurve 46–50

Latenzzeit 37, 86, 88
Lernkurve 37–47, 74
- empirische 47
- mittlere 37–46

lineares Modell 33–38, 42, 44–46, 52, 54, 60f., 74, 78, 84f., 88
linear logistisches Modell 92, 96
L-S-Modell 33, 37f.

Markoff-Prozeß 89, 92–96
'mental chemistry' 11
'mental forestry' 11
Merkvorgang 16
Meßraum 19, 22, 25
Modell vs. Struktur 54, 56f., 67
Modellernen 15
Modellkontrolle 11, 35–37, 60
- empirische 11, 35, 37, 60
- parameterfreie 60

Muster-Modelle 85, 88

Nachgeschichte 26, 28
neutrale Elemente 79, 86, 88
Norman-Modelle 36f., 42–46

Operatoren 27f., 31, 33–36, 67–78, 89f.
- Folgen- 72f., 77
- kommutative 74f., 90f.
- lineare 11, 34, 67–78
- - Fixpunkt-Form 70, 72
- - Gain-Loss-Form 70, 72
- - Slope-Intercept-Form 70, 72

Operatorenfamilie 89–92, 96
- abgeschlossene 90
- archimedische 90f.
- lösbare 90f.
- quasiadditive 90–92

Paarlernen 29f., 33, 37, 53, 67, 71, 74, 78, 81f.
Parameter 51, 54–67
- feste 54–57, 59
- freie 54–56, 58f., 60, 66
- Modell- 54–56

Parameterraum 56f., 59–60
Parameterschätzung 51, 60–67
Position des letzten Fehlers 52f., 58, 62f.
Potenzsumme 40
Problemlösen 9f.

Ratewahrscheinlichkeit 30, 32, 50, 60, 82
Reaktionsaxiom 79–82
Reaktionszeit s. Latenzzeit
Reizfluktuation 86–88
Reizgeneralisierung, Reizgeneralisation 10, 13, 20, 67, 77f., 80, 87f.
Reizstichproben-Modell 32f., 78–88
rekursive Formel 39
RTI-Modell 35–37, 42–46, 61

Schätzverfahren 61–66
– Chi-Quadrat-Methode 65f.
– Maximum-Likelihood 62f., 66
– Methode der kleinsten Quadrate 64–66
– Moment-Methode 64–66
σ-Algebra 18–20, 22, 25
Spontanerholung 87f.
Stanford-Reading-Studies 11, 61
Stichprobenaxiom 79–83
stochastischer Kern 93–95
Struktur s. Modell

Therapietechnik, Therapiemethode 9
Transfer 20

Übergangswahrscheinlichkeit 30–33, 38, 40, 93–95
Unterrichtsforschung 11
Unterscheidungslernen s. Diskriminierungslernen

Vermeidungslernen 21, 77
Verstärkungsaxiom 79–82
Vincent-Kurve 32
vollständige Induktion 39f.
Vorgeschichte 26, 28

Wahrscheinlichkeitslernen 13, 75–77
Wissenserwerb 15f.

Zahlenreihen-Fortsetzen 11
Zustand 17–19, 23–27, 30, 32f., 38–43, 50, 55, 58–60, 90–95
– absorbierender 30, 32, 41, 52f.
– Elementar- 17f., 24f., 30–33, 42, 67f., 72, 93f.
– sicherer 18
– Start- 30, 32f., 41
– unmöglicher 18
Zustandsänderung 20, 26
Zustandsalgebra 19
Zustandsmenge 19, 68
Zustandsraum 19, 28, 38, 41f.
2-Elemente-Modell 32f., 36, 41f., 44–46
2-Phasen-Modell 35–37, 42, 44–46